新能源汽车
驱动电机与控制技术

李建伟 著

化学工业出版社
·北京·

内容简介

本书以新能源汽车驱动电机与控制技术为主线，在内容体系的安排上，力图避免新技术、新理论的简单罗列，全面、系统地论述了新能源汽车技术，重点分析了新能源汽车驱动电机的结构、原理及设计方法等，对驱动电机的检修与实践应用也进行了探讨。本书理论与实际相结合，深入浅出，在分析各种新能源汽车驱动电机与控制技术的同时，力求反映出最新技术成果和发展方向，以启发和激励读者在新能源汽车方面的研究和创新。

本书适合研究新能源汽车的专业技术人员阅读，也可供汽车维修人员使用。

图书在版编目（CIP）数据

新能源汽车驱动电机与控制技术 / 李建伟著. —北京：化学工业出版社，2022.5（2024.11重印）
ISBN 978-7-122-41059-7

Ⅰ.①新… Ⅱ.①李… Ⅲ.①新能源－汽车－驱动机构 Ⅳ.①U469.703

中国版本图书馆 CIP 数据核字（2022）第 048194 号

责任编辑：周　红
责任校对：刘曦阳　　　　　　　　　装帧设计：刘丽华

出版发行：化学工业出版社（北京市东城区青年湖南街 13 号 邮政编码 100011）
印　　装：北京天宇星印刷厂
710mm×1000mm 1/16　印张 10½　字数 250 千字　2024 年 11 月北京第 1 版第 9 次印刷

购书咨询：010-64518888　　　　　　售后服务：010-64518899
网　　址：http://www.cip.com.cn

凡购买本书，如有缺损质量问题，本社销售中心负责调换。

定　　价：79.00 元　　　　　　　　　　　　　　　　版权所有　违者必究

前言

随着人口的增加及生活质量的不断提高，汽车需求量也在不断增加。传统燃油汽车以汽油、柴油为主要能源，但从世界范围看，以石油为典型代表的能源危机日益凸显，因此，开发出可以代替石油且能够满足需要的新能源以减少对石油的依赖，并增加燃油消耗少的节能车数量，成为各国当前迫在眉睫的任务。为了应对能源危机、环境污染与气候变暖等日益严重的问题，新能源汽车已经成为当前汽车产业发展的一大趋势。根据动力源的不同，新能源汽车包括电动汽车、混合动力汽车和燃料电池汽车等类型，虽然这些类型的汽车不尽相同，但都有一项必不可少的关键技术——驱动电机及其控制技术，这也是新能源汽车在制造、生产、维修保养等方面的重要环节。

基于此，笔者撰写了本书，在内容编排上共设置六章：第一章为本书论述的基础和前提，具体内容包括新能源汽车的界定、驱动电机及其基本定律、电机驱动系统结构与关键技术、驱动电机系统的发展趋势；第二章至第五章全方位探讨新能源汽车的驱动电机，内容涵盖新能源汽车驱动电机的内部构建、新能源汽车驱动电机及其管理系统、新能源汽车驱动电机的控制系统、新能源汽车驱动电机及其检修技术；第六章突出实践性，重点研究新能源汽车驱动电机控制技术的实践应用。

本书有以下两个特点。

第一，内容适当，结构合理。在内容上，本书主要介绍纯电动汽车、混合动力电动汽车、燃料电池电动汽车的特点、结构和原理，对其他类型的新能源汽车也进行了简单分析，内容详略得当。在结构上，本书由浅入深，层次鲜明，有利于读者对相关内容的理解。

第二，结合实例，易读易学。本书融入了大量经典实例，不仅让读者更容易理解相关知识要点，而且拓展了读者的视野。

笔者在撰写本书的过程中，得到了许多专家学者的帮助和指导，在此表示诚挚的谢意。由于笔者水平有限，书中所涉及的内容难免有疏漏之处，希望各位读者多提宝贵意见，以便笔者进一步修改，使之更加完善。

著者

目录

第一章
绪论 / 001

第一节　新能源汽车的界定 ·· 001
第二节　驱动电机及其基本定律 ·· 013
第三节　电机驱动系统结构与关键技术 ·· 020
第四节　驱动电机系统的发展趋势 ·· 024

第二章
新能源汽车驱动电机的内部构建 / 027

第一节　新能源汽车驱动电机的特点 ·· 027
第二节　纯电动汽车及其充电技术 ·· 028
第三节　混合动力汽车及其插电式的构成 ······································ 045
第四节　燃料电池电动汽车的结构 ·· 056

第三章
新能源汽车驱动电机及其管理系统 / 079

第一节　驱动电机与性能检测 ·· 079
第二节　驱动电机的拆卸与安装 ·· 081
第三节　驱动电机与控制器冷却系统检修 ······································ 086
第四节　驱动电机管理系统及其检测 ·· 091

第四章
新能源汽车驱动电机的控制系统 / 099

第一节　电机控制系统的结构及特点 ·· 099

第二节　电机控制器的工作原理……………………………………………101
第三节　驱动电机冷却系维护………………………………………………108
第四节　新能源汽车电机驱动系统的控制…………………………………109

■■■■■■■■■■

第五章
新能源汽车驱动电机及其检修技术 / 111

第一节　永磁同步电动机构造的原理与检修…………………………………111
第二节　交流异步电动机构造的原理与检修…………………………………126
第三节　直流电动机的结构原理与检修………………………………………132
第四节　开关磁阻电动机的控制与检修………………………………………143

■■■■■■■■■■

第六章
新能源汽车驱动电机控制技术的实践应用 / 151

第一节　新能源汽车中电动水泵的应用………………………………………151
第二节　新能源汽车动力总成传动系统技术及其应用………………………154
第三节　新能源汽车的独立循环水恒温控制系统应用………………………156
第四节　新能源汽车能量管理优化控制仿真软件应用………………………158

■■■■■■■■■■

参考文献 / 161

第一章 绪论

第一节 新能源汽车的界定

一、新能源的认知

新能源一般是指在新技术基础上加以开发利用的可再生能源,包括太阳能、生物质能、水能、风能、地热能、波浪能、洋流能和潮汐能,以及海洋表面与深层之间的热循环等;此外,还有氢能、沼气、乙醇、甲醇等,而已经广泛利用的煤炭、石油、天然气、水能等能源,称为常规能源。随着常规能源的有限性以及环境问题的日益突出,以环保和可再生为特质的新能源越来越得到各国的重视。

如今我国已经拥有多样化的新能源,比如风能、地热能、太阳能和生物质能及小型水电站产生的水能,都在各个行业应用,它们既可以循环使用,还有清洁功能。推动新能源产业的发展和迅速落地应用,不仅是生态环境保护和人类社会可持续发展的必然举措,而且是补充能源供应系统的重中之重。

新能源和常规能源相比,有很大差异。前者是还处于研究和开发阶段,未得到广泛使用的能源,后者是利用渠道和技术都比较成熟并已经广泛应用的能源。因此,一般认为常规能源包括天然气、煤、大中型水电和石油,而新能源主要包括现代生物质能、氢能、核能、太阳能、海洋能和地热能。随着人们环境保护的观念越来越强,可持续发展的战略和意识更加深入人心,以前生活垃圾和工业有机废弃物都被人们当成垃圾处理，如今也成了可以再次利用的能源和资源，加强对其开发和利用的研究，可以说，再次利用废弃物资源，也是当今社会一种新型的能源技术。

所谓新能源，其"新"是与常规能源相比的概念，是指在新材料的基础上，利用新技术进行深入开发和利用的资源。不同国家对新能源的叫法各有差别，但是都形成一个共同的观点，在所有能源中，撇开核能和常规能源，都属于可再生能源和新能源，主要包括水能、太阳能、海洋能、地热能、氢能、生物质能和风能。由不可再生能源逐渐向新能源和可再生能源过渡，是当今能源利用的一个重要特点。在能源、气候、环境问题面临严重挑战的今天，大力发展新能源和可再生能源符合国际发展趋势，对维护我国能源安全以及环境保护意义重大。

（一）新能源材料的解读

材料科学与工程研究的范围涉及金属、陶瓷、高分子材料、半导体以及复合材料。通过各种物理与化学的方法来发现新材料、改变传统材料的特性或行为，使它们变得更有用，这就是材料科学的核心。材料的应用是人类发展的里程碑，人类所有的文明进程都是以使用的材料来分类的，如石器时代、铜器时代、铁器时代等。新时代是新能源发挥巨大作用的年代，显然新能源材料及相关技术也将发挥巨大作用。

能源材料是材料学科的一个重要研究方向，有的学者将能源材料划分为新能源技术材料、能量转换与储能材料和节能材料等。综合国内外的一些观点，新能源材料是指实现新能源的转化和利用以及发展新能源技术中所要用到的关键材料，它是发展新能源技术的核心和新能源应用的基础。从材料学的本质和能源发展的观点看，能储存和有效利用现有传统能源的新型材料也可以归属为新能源材料。新能源材料覆盖了镍氢电池材料、锂离子电池材料、燃料电池材料、太阳能电池材料、反应堆核能材料、发展生物质能所需的重点材料、新型相变储能和节能材料等。新能源材料的基础仍然是材料科学与工程基于新能源理念的演化和发展。

（二）新能源的关键技术

新能源的特点是分布广、储量大和清洁环保，将为人类提供发展的动力。实现新能源的利用需要新技术支撑，新能源技术是人类开发新能源的基础和保障（图1-1）。

（1）太阳能及其利用技术 太阳能是人类最主要的可再生能源，太阳每年输出的总能量为 3.75×10^{26} W，其中辐射到地球陆地上的能量大约为 8.5×10^{16} W，这个数量远大于人类目前消耗的能量总和，相当于 1.7×10^{18} t 标准煤。太阳能利用技术主要包括太阳能-热能转换技术，即通过转换装备将太阳辐射转换为热能加以利用。

（2）氢能及其利用技术 氢是未来最理想的二次能源之一。氢以化合物的形式储存于地球上，如果把海水中的氢全部提取出来，总能量是地球现有化石燃料的9000

倍。氢能利用技术包括制氢技术、氢提纯技术和氢储存与输运技术。制氢技术范围很广，包括化石燃料制氢、电解水制氢、固体聚合物电解质电解制氢、高温水蒸气电解制氢、生物制氢、生物质制氢、热化学分解水制氢、甲醇重整制氢、H_2S 分解制氢等技术。氢的储存是氢利用的重要保障，主要技术包括液化储氢、压缩氢气储氢、金属氢化物储氢、配位氢化物储氢、有机物储氢和玻璃微球储氢等。氢的应用技术主要包括燃料电池、燃气轮机发电、MH/Ni 电池、内燃机和火箭发动机等。

太阳能及其利用技术
氢能及其利用技术
核能及其利用技术
生物质能及其利用技术
化学能源及其利用技术
风能及其利用技术
地热能及其利用技术
海洋能及其利用技术
可燃冰及其利用技术
海洋渗透能及其利用技术

图 1-1　新能源的关键技术

（3）**核能及其利用技术**　核能是原子核结构发生变化放出的能量。核能技术主要有核裂变和核聚变。核裂变所用原料铀 1g 就可释放相当于 30t 煤的能量，而核聚变所用的氘仅仅用 560t 就可为全世界提供一年消耗所需的能量。海洋中氘的储量可供人类使用几十亿年，同样是取之不尽、用之不竭的清洁能源。自 20 世纪 50 年代第一座核电站诞生以来，全球核裂变发电迅速发展，核电技术不断完善，各种类型的反应堆相继出现，例如压水堆、沸水堆、石墨堆、气冷堆及快中子堆等，其中，以轻水作为慢化剂和载热剂的轻水反应堆（包括压水堆和沸水堆）应用最多，技术相对完善。人类实现核聚变并进行控制的难度非常大，采用等离子体最有希望实现核聚变反应。

（4）**生物质能及其利用技术**　生物质能目前占世界能源消耗量的 14%。估计地球每年植物光合作用所用固定的碳达到 $2×10^{12}$t，含能量 $3×10^{21}$J。地球上的植物每年产生的能量是目前人类消耗矿物能的 20 倍。生物质能的开发利用在许多国家得到高度重视，生物质能有可能成为未来可持续能源系统的主要成员，扩大其利用是减排 CO_2 的最重要的途径。生物质能的开发技术有生物质气化技术、生物质固化技术、生物质热解技术、生物质液化技术和沼气技术。

（5）**化学能源及其利用技术**　化学能源实际是直接把化学能转变为低压直流电能的装置，也叫电池。化学能源已经成为国民经济中不可缺少的重要的组成部分。与此同时化学能源还将承担其他新能源的储存功能。化学电能技术即电池制备技术，以下几种电池的相关研究比较活跃并具有发展前景：金属氢化物-镍电池、锂离子二次电池、燃料电池和铝电池。

（6）**风能及其利用技术**　风能是大气流动的动能，是来源于太阳能的可再生能源。估计全球风能储量为 10^{14}MW，如有千万分之一被人类利用，就有 10^6MW 的可利用风能，这是全球目前的电能总需求量，也是水利资源可利用量的 10 倍。风能应用技术主要为风力发电，如海上风力发电、小型风机系统和涡轮风力发电等。

（7）**地热能及其利用技术**　地热能是来自地球深处的可再生热能。全世界地热

资源总量大约为 $1.45×10^{26}$ J，相当于全球煤热能的 1.7 亿倍，是分布广、洁净、热流密度大、使用方便的新能源。地热能开发技术集中在地热发电、地热采暖、供热和供热水等方面。

（8）**海洋能及其利用技术** 海洋能是依附在海水中的可再生能源，包括潮汐能、潮流、海流、波浪、海水温差和海水盐差能。估计全世界海洋的理论再生量为 $7.6×10^{13}$ W，相当于目前人类对电能的总需求量。潮流能的开发和应用目前还有许多挑战和难题尚未解决。比如，潮流能普遍存在流速低和功率大的特点，这对潮流能装置提出更多要求，特别是要求安装强度更大的地基、叶片和结构，其强度必须大于风能装置，否则一旦发生特别大的流速时，装置会发生巨大的损害；装置中容易流入海水中夹杂的淤泥和沙子，极易造成轴承的破坏；包括水轮机在内的设备容易受到海水腐蚀，海洋生物易附着在上面，对设备的使用效率和使用年限产生不良影响；漂浮式潮流发电装置在航运和抗台风方面也存在一些难以解决的问题，还要求这些装置拥有较强的抵抗台风能力，容易维护，同时针对海洋环境的易腐蚀和易附着特点，深入研究开发技术。

（9）**可燃冰及其利用技术** 可燃冰是天然气的水合物。它在海底的分布范围占海洋总面积的 10%，相当于 4000 万平方公里，它的储量够人类使用 1000 年。但是可燃冰的深海开采本身面临众多技术问题，另外就是开采过程中的泄漏控制问题，甲烷的温室效应要比二氧化碳强很多，一旦发生大规模泄漏事件，对全球气候变化的影响不容忽视，所以相关开采研究有很多都集中在泄漏控制上面。

（10）**海洋渗透能及其利用技术** 海洋渗透能属于可再生的绿色能源，特别环保，天气因素对其影响较小，而且形成过程中不会排放出任何二氧化碳和垃圾。它是如何形成的呢？众所周知，江河入海口是淡水和海水交汇的地方，淡水的水压与海水相比更高，如果将涡轮发动机安装在这里，淡水和海水之间产生的水压差会形成渗透压，为涡轮机提供源源不断的能量，从而产生电能。如果有些海域拥有更高的盐分浓度，那么产生的电能更有效，例如世界著名的盐湖死海、地中海，还有美国的大盐湖和中国的大盐湖。

二、新能源汽车的发展

（一）新能源汽车发展的意义

在不断加剧的"人、车、自然"的矛盾下，人们开始把目光从传统的燃油汽车转向新能源汽车。我国作为能源消费大国，发展新能源汽车产业是低碳经济时代必然的选择。我国是汽车生产和销售大国，传统汽车制造业落后于国外发达国家，但是在新能源汽车研发领域有成本优势和市场优势，在技术水平及产业化方面与国外基本处于同一起跑线上。因此，新能源汽车的产业发展也将成为我国汽车行业的新导向。

2009年7月1日《新能源汽车生产企业及产品准入管理规则》正式在我国颁发实施，其对新能源汽车进行了准确定义，认为新能源汽车必须满足以下条件：第一是从燃料上来说，必须采用非常规的车用燃料为汽车提供动力，或将常规车用燃料和新型车载动力装置相结合；第二是汽车的驱动和动力控制系统必须使用新技术、新原理、新结构。

如今，全球经济的迅速发展给人类生存的环境带来许多不利影响，愈加恶劣的环境、变暖的气候和短缺的石油资源，这些都成为制约汽车行业发展的重要因素和问题。为了妥善处理好这些问题，各国都提出了相应的战略和举措，推动汽车行业朝着可持续方向发展，从而促进国际竞争力的提升。可以说，在21世纪的汽车产业中，新能源汽车已经成为其中的重中之重（图1-2）。

图1-2 新能源汽车发展的意义

1. 缓解石油短缺问题

世界各国使用的能源主要包括石油、天然气、煤炭等，目前汽车的燃料主要来自石油（汽油和柴油）。石油在交通领域的消费逐年增长，2020年交通用油占全球石油总消耗的62%以上，2020年以后，全球石油需求与常规石油供给之间已经出现净缺口，2050年的供需缺口将几乎相当于2000年世界石油总产量的2倍。

我国目前已探明的石油储量约为160亿桶，约占世界石油储量的1.1%，但我国却是一个能源消费大国。我国的石油消耗量仅次于美国，位居世界第2位，原油消费年均增长率为6%以上。

对石油资源的消耗强度与国际通行的相比，我国的基数为0.19，比美国增加2倍，比日本增加4倍，比欧洲增加3倍。未来很长一段时间，我国进口石油的总体数量增长指数年均为6%，进口的成品油数量增长指数为8%，进口的原油数量增长指数高达10%。根据国际能源机构的评估，我国汽车的销售数量会不断上涨，一直发展到2030年，我国对石油资源的消耗数量将预计达到八成。

2. 缓解环境污染问题

以往的汽车大多以燃油作为燃料产生驱动力，但是燃烧燃油的过程中会产生许多有害气体，主要包括细微颗粒物、一氧化碳、氮氧化合物、铅、硫化物和碳氢化合物，不仅对环境造成巨大污染，还对人类的健康造成不良影响。而且这些污染物还是一次污染物，在大气环境中发生化学反应会产生二次污染物，主要有光化学烟雾和酸沉降等。据相关数据统计，汽车行驶产生的大气污染占城市大气污染总量的42%。随着人们生活水平的提高，城市中汽车的数量猛增，在城市的大气污染中机动车排放的尾气污染已经占据大部分，甚至有一些城市机动车产生的尾气污染占据大气污染的七成。总而言之，对于城市大气环境来说，机动车尾气产生的污染成为其中的恶劣因素。因此，必须研究改善城市机动车排放污染的对策和措施。

3. 缓解气候变暖问题

温室气体产生的原因是大量消耗能源，如今在全球范围内，温室效应愈加严重，其中最主要的温室气体二氧化碳，而燃烧石化燃料是产生二氧化碳的主要渠道。究其根本，人类活动中产生了大量二氧化碳聚集到一起。要想解决气候变暖的问题，最关键的是减少二氧化碳排放。2020年，汽车二氧化碳总排放量达60亿吨，汽车对地球环境造成了巨大的影响。

（二）新能源汽车的发展历程

1. 国内新能源汽车发展

（1）上海牌燃料电池轿车的发展 上海牌燃料电池轿车是上汽集团承担国家"863"计划"节能与新能源汽车"项目而自主开发的使用燃料电池的新一代汽车，其汽车结构中的驱动电动机、燃料电池堆和大功率密度的锂离子电池都运用了国内先进技术，动力燃料源采用了高压储氢系统。

（2）荣威E1纯电动汽车的发展历程 荣威E1纯电动汽车属于微型轿车，2010年作为我国低碳经济的典型代表在上海世博会中国国家馆展出，受到许多人的喜欢。这款车型的重要零件和系统主要包括磷酸铁锂电池系统，具有较高安全性；电动空调压缩机、管柱式电动助力转向机、永磁同步驱动电动机，这些系统和零件都使用了先进技术，具有高效的性能，正常运转过程中让零排放充分实现。

（3）红旗H7混合动力汽车的发展 红旗H7混合动力汽车的亮点为：采用单电动机系统，既可实现纯电驱动，又可实现发动机驱动，具有较高的燃油经济性；采用高功率的锂离子动力电池，能实现短时间的高功率输出，提供强劲动力，并能适应短时间的充、放电需求；发动机可实现平顺启动、高速精确的电动机控制及控制转换的适时响应。

（4）上汽荣威E50纯电动汽车的发展 上汽荣威E50纯电动汽车（中国版电动Smart汽车）是一款通过电池与电动机有机结合，实现零排放、纯电驱动的新能源车。

（5）沃尔沃C30纯电动汽车的发展 沃尔沃C30是一款极具个性且运动感十足的欧系紧凑级车，采用24kW·h锂离子蓄电池组驱动，一次充电续航里程可达150km，0~100km/h加速时间为10.5s，最高时速达到130km/h。这款车型以64km/h时速正面碰撞后，蓄电池和电气系统中的电缆仍可完好无损。

（6）安凯电动客车 安凯电动客车采用I-EMS卓越电管理系统，该系统是国内新能源领域首个针对新能源客车核心的电控、电动机和电池大模块，实现一体化、智能化和可靠化整车运营管理的新技术系统。安凯I-EMS卓越电管理系统可根据车辆内部及运营路况自主进行调节，运用车联网技术，远程实时监控车辆行驶状态，实现多级智能运营。其能智能检测整车电控、电动机、电池运行状态，自动进行故障预警与排除，实现智能安全；根据运营工况，自动选择驱动策略，智能平衡电池、电动机与发动机的匹配关系，实现智能驱动。

随着新能源汽车技术的不断成熟与进步,以及国家对新能源汽车生产与购置上各项政策的扶持,我国新能源汽车的销售量正逐步上升。

2. 国外新能源汽车发展

早在 20 世纪 90 年代,欧美国家就开始制定日趋严格的汽车尾气排放标准并严格执行,这使得一些著名的汽车公司转向研究和开发新能源汽车。从此,世界上很多国家均投入巨资进行电动汽车商业化的开发和应用。

(1)纯电动汽车的发展　纯电动汽车问世于 20 世纪 90 年代,但传统铅酸电池的储电容量等使用性能指标不能够满足纯电动汽车的连续行驶里程(续驶里程)要求,使得纯电动汽车的研发停滞不前。随着高性能锂离子蓄电池和一体化电力驱动系统等技术的发展与应用,纯电动汽车再次受到各国政府和企业的重视。纯电动汽车已在续驶里程、动力性、快充等方面取得了可喜的进展,已进入实用化阶段。

纯电动汽车在美国、日本、欧洲等国家和地区得到商业化推广应用。国外纯电动汽车主要应用于小型乘用车、大型公交车、市政与邮政等特殊用途车辆。为了解决纯电动汽车无法长距离行驶的问题,在纯电动汽车上增设了常规能源系统,为车辆补充电能,即开发混合动力汽车。混合动力汽车启动和怠速时采用动力电池提供动力,行驶时采用汽油发动机提供动力。

如何降低汽车的成本和提高电池的性能是纯电动汽车的研发重点。纯电动汽车要实现产业化的目标和要求,必须要比传统汽车的性能更高、成本更低。因此,大幅度降低成本和提升电池的智能密度是纯电动汽车实现产业化发展的重要因素。

(2)混合动力汽车的发展历程　混合动力汽车最早由日本研发,并迅速实现了产业化的目标,1997 年 10 月底研发、上市了最早在全球进行批量化生产的混合动力汽车——丰田普锐斯汽车。镍氢电池串并联是该款汽车使用的控制方式,产生的油耗较低,为 3.4L/100km。如今,丰田普锐斯第三代产品已经在全球市场上市,并用锂离子电池作为新的动力电池,进一步改善了汽车的性能。自从日本率先推出了丰田普瑞斯品牌的混合动力汽车后,其他汽车企业纷纷效仿,对混合动力汽车进行深入研发并推向市场,比如福特推出 Escape,通用汽车推出 Saturn VUE,本田汽车推出 Insight。随着人们对汽车的需求量不断增加,汽车产业不断扩大生产规模,技术逐渐成熟,大幅降低了混合动力汽车的制造成本。混合动力汽车产业在欧洲的发展比较晚,在技术上通过和美国合作实现共享混合动力的方式,以往使用传统汽车技术产生较高油耗的车型纷纷使用这种新型技术进行改良。

混合动力汽车受到越来越多消费者的喜欢,混合动力商用车在全球汽车市场占据重要地位,许多汽车厂商纷纷开始将混合动力汽车技术运用到军用领域、市政领域和公交车领域,特别是美国深入研究和开发混合动力公交客车,已经在国际市场投入了许多种车型。欧洲汽车企业也十分重视混合动力技术在客车和卡车等领域的使用,奔驰和沃尔沃等汽车企业先后开发混合动力商用车。混合动力技术的优势在于能够节约油耗、减少污染气体的排放、降低一定成本,可以说,从单一的发动机驱动转型成纯电动驱动的过程不能缺少混合动力驱动的过渡环节。因此，现在全球各个知名汽车企业都在朝着混合动力汽车产业化的趋势发展。在传统能源转化成电气化、促进混合度提升的过程中，电池技术的发展和成熟是重要"催化剂"，为混合动力技术的新发展指明方向。混合动力技术在发展初期采取的方案包括双电动机混联、单电动机并联和双电动机并联等，发展到成熟阶段主要采取插电式方式，并呈现出向纯电动方案过渡的趋势。混合动力汽车与传统汽车相比，拥有集成度更高的动力系统结构。混合动力技术转化成电动化最重要因素之一是车用能源，如今包括传动系统和电动机集成、电动机和发动机集成等发展方向。

（3）燃料电池汽车的发展历程　　当汽车的动力电池源来自液态氢时，这类汽车被称为氢燃料电池汽车。那它如何进行驱动呢？主要是汽车中的液态氢一旦与大气接触，便会和氧气产生化学作用，产生电能让电动机启动，从而产生汽车驱动力，让汽车行驶。从全球来说，燃料电池汽车技术是十分重要的汽车技术，具有非常重要的作用和战略意义，因此许多国家对该技术进行深入研究和开发利用，甚至有不同国家和地区结成跨国同盟进行战略合作，比如德国奔驰和西门子公司、法国雷诺和意大利的 De Nora 公司、日本东芝和美国国际燃料电池公司、日本丰田和美国通用公司，取长补短，而且目前已经取得了一定研究成果。

众所周知，单独的燃料电池模块具有的功率有限，被约束在一定数值内，为了让燃料电池的功率数值满足不同类型汽车的需求，从而提高汽车性能，模块化成为燃料电池发展的必然趋势。同时，在混合动力技术的加载和作用下，有利于优化配置燃料电池、提高蓄电池的性能，促进燃料电池使用年限的延长，让系统的成本降低。如何提高耐久性和可靠性是燃料电池汽车技术需要解决的重要难题。为了解决这个问题，美国能源部目前正在探索和研究几类新型锂电子化学电池在汽车中的运用，这些研究和探索十分复杂，主要研究内容包括锂金属电池、高电压正极材料、锂合金、锂聚合物电池和锂硫电池等。随后，许多国家也加入其中，从国家战略层面制订电动汽车发展计划和方案，增强政策扶持和研发投入，积极促进电动汽车产业化的发展，从而大幅缩短了解决电动汽车技术难题的时间，进一步推动全球电动汽车产业迅猛发展。

（三）新能源汽车的发展趋势

科学技术的进步及汽车技术的成熟，都在推动新能源汽车迅速发展，并呈现出一定的发展趋势。

第一，从内燃机汽车转型成纯电动汽车的过程中，混合动力汽车是必经阶段，它将纯电动汽车无污染的电动机驱动优点和内燃机的雄厚技术实现了有效融合。

第二，最大的挑战为电池技术的特性。纯电动汽车的动力源是电池，但是目前还没有研发出一种电池，使其性能能比得上石油。可以说，制约纯电动汽车发展的最大因素是电池。所以要想推动电动汽车的产业化发展、提高汽车性能，最重要的是开发出具有优良性能、对环境无害、成本较低的动力电池。

第三，在续驶里程等因素的作用下，超微型是纯电动汽车的发展方向之一。超微型纯电动汽车在行驶里程和续航动力等方面需求较大，行驶速度较慢，充电十分方便，因此适用于短距离范围和城区内使用。

第四，多样化的驱动电动机是发展趋势之一。在电动机选择上，交流感应电动机是美国的首选，虽然具有比较复杂的控制技术，但是也有重量轻、结构可靠和简单等优势。永磁无刷直流电动机是日本比较倾向的，缺点是抗震性较差，成本高，会出现高温退磁的现象，优点是高效率，重量轻，启动转矩大等。开关磁阻电动机是英国和德国对电动机研发的重点内容，缺点是容易产生噪声、重量大，优点在于成本低、机构可靠和简单。

第五，针对新能源汽车的发展，必须研发出新一代的车用能源动力系统。从内燃机汽车转型成纯电动汽车是一个漫长的过程，期间必须先用混合动力汽车和各种液态代用燃料发动机进行过渡，缓慢向充电式混合动力汽车和使用生物燃料作为动力源混合动力汽车方向发展；气体燃料供应也要革新，分阶段建立起新的气体燃料供应网络，实现可持续利用，替代以往建立的天然气气体燃料基础设施；立足于天然气发动机，推动其他燃气动力发展，特别是对天然气-氢气内燃机和混合动力进行深入开发和利用；对新一代的燃料电池动力和混合动力进行创新发展；结合我国的国情和消费者的需求，研发动力电池技术，研发出具有我国特色的纯电动汽车，特别加大对微型纯电动汽车的研发；新能源汽车的推广要以点带面，从城市公交车辆着手，逐渐推动新能源汽车的商业化和产业化发展。

第六，各大汽车企业竞争的重点在于燃料电池汽车。与使用其他电池的电动汽车相比，燃料电池汽车的成本较低，整体性能更加优良，补充燃料的速度更快，续驶里程更长，而且燃料电池所使用的燃料和材料都具有无污染、可再生、零排放、多样化来源等特点，完全达到环保标准。因此，在21世纪，全球各个汽车品牌之间的竞争焦点在于燃料电池汽车。可以说，目前新能源汽车最好的解决方案是燃料电池及氢动力发动机车型。

除此之外，政府也越来越重视新能源汽车的发展，并从政策层面上加大扶持力度，从资金层面上加强投入，发挥了十分重要的作用。作为企业，不仅要积极、迅速开发新能源汽车，还要扩大示范运行的范围，增强力度，从而为推动新能源汽车的产业化和规模化发展奠定坚实的基础。

三、新能源汽车的类型划分与基本结构

（一）新能源汽车的类型划分

通常情况下新能源汽车主要指电动汽车及替代燃料汽车，当然范围还有很多，不仅仅指这两方面。

1. 电动汽车

电动汽车主要分为三种，分别是混合动力汽车、燃料电池汽车以及纯电动汽车。其中混合动力汽车指的是热动力源和电动力源相结合产生动力的汽车，两种装备同时为汽车提供动力；燃料电池汽车，顾名思义主要动力来源于燃料；纯电动汽车需要有相应的电池组来储备相应的电能，在汽车行驶过程中主要消耗电能产生驱动力。

2. 替代燃料汽车

替代燃料汽车的类型如图 1-3 所示。

（1）气体燃料汽车　气体燃料汽车是指利用可燃气体作为能源驱动的汽车。汽车的气体代用燃料种类很多，常见的有天然气和液化石油气。车用气体燃料可分为三种：压缩天然气（CNG），主要成分为甲烷；液化天然气（LNG），即经深度冷冻液化的甲烷；液化石油气（LPG），主要成分为丙烷和丁烷的混合物。

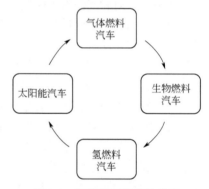

图 1-3　替代燃料汽车的类型

通常情况下，会将气体燃料汽车分为三种，分别是专用气体燃料汽车、两用气体燃料汽车及双燃料汽车。其中专用气体燃料汽车的主要动力来源是气体，比如天然气、液化石油气等，这类不同动力的汽车被命名为天然气汽车、液化石油气汽车等，在降低消耗时发挥性能，相对来说可以降低污染。两用燃料汽车顾名思义需要两种动力来源，主要来源为汽油，加上另外的气体动力来源共同驱动汽车前进，常见的两用燃料汽车有汽油、液化气结合汽车和汽油、压缩天然气结合汽车。双燃料汽车之所以称为双燃料，是因为有两套燃料供给。主要供给系统为天然气或者液化石油气供给，剩余为其他燃料，此系统燃料不固定为一种燃料，两套系统同时作业将动力供给汽车，常见的此类汽车其中一套多为柴油，另一套为液化石油气或天然气等。当然，在供给动力时需要遵循一定比例，方可给汽车提供最佳驱动力。

（2）生物燃料汽车　生物燃料汽车或者混合生物燃料汽车整体结构并无太大变化，其中主要与传统汽车不同的是尾气排放以及对环境的污染程度的差别，比如乙醇燃料汽车和生物柴油汽车等排放的尾气对环境污染程度就比传统汽车要低。

（3）氢燃料汽车　氢燃料汽车在使用过程中主要以氢燃烧来作为驱动汽车的主要动力来源。常见的汽车主要以柴油、汽油等作为动力来源，内燃机在工作时主要以此为燃料，而氢燃料汽车则脱离了汽油、柴油此类存在污染性的燃料，内燃机中燃烧的主要是气体氢，相对来说更加环保。氢内燃机在汽车应用中已经非常广泛，常见的应用方式主要有三种。

第一，纯氢内燃机。纯氢内燃机在工作时产生的废物和废气主要为 NO_x，相对来说对环境的污染程度更小。但是，在纯氢内燃机使用过程中功率和氢气的消耗量呈正比，功率越大，消耗的氢气也会随之增多，该特性导致纯氢内燃机在使用过程中行驶的里程较短，这也是目前正在致力研究并需逐步解决的问题。

第二，氢-汽油两用内燃机。此种类型的内燃机中不仅包含氢气，还存在一部分汽油作为动力来源，在内燃机使用过程中可以根据具体情况来使用氢气和汽油。

第三，氢-汽油双燃料内燃机。此种类型的内燃机是将氢气与汽油混合，通过空气中的混合气体整体为汽车提供动力，在使用过程中由于氢气的易扩散特性可以有效促进汽油扩散，使动力更强劲；氢气燃烧可以快速促进汽油传播，从而使热效率逐步增大，充分燃烧为汽车提供动力，在其充分燃烧的同时可以降低废气的排放，降低对环境的污染。

（4）太阳能汽车 太阳能汽车是靠太阳能驱动的汽车，这是与传统热机驱动汽车的不同之处。太阳能汽车是将太阳能转化为电能，因此在区分不明确时太阳能汽车也属于电动汽车的一种。日常所说的电动汽车通常情况下需要直接对蓄电池充电来满足需求，太阳能汽车主要依靠日光照射即可，当然在日光照射不足时也需要充电。

也可以根据太阳能汽车有无蓄电池来将其分为两类：一种是有蓄电池的太阳能汽车，其能量转换主要是将太阳能转换为电能，再将电能储存，在使用过程中使用蓄电池中的电能作为动力来源；另一种是无蓄电池太阳能汽车，在使用过程中直接以太阳能转换的电能作为动力，不进行储存。当前使用无蓄电池太阳能汽车多为比赛用车或实用型汽车，其更注重设计和研发，在实际应用中较少。

深入分析太阳能汽车的工作原理可以了解到，太阳能之所以可以转化成电能，主要通过汇聚太阳光来实现，当然其他类型的光照也可以被收集，通过内部电场来完成转换。太阳能汽车中设有峰值最大跟踪器，在车辆运行过程中会根据行驶路况以及行驶条件来转换，剩余的电流进行储存，来满足车辆在不同状况下正常行驶，在太阳光较弱的时候还可以同时使用太阳能和储存电能工作，以满足需求。

太阳能汽车在光照充足的情况下，通常会将太阳能转化的电能直接用于提供动力，随着日照时间的增加，多余的太阳能所转化的电能除了供其行驶外，另一部分会被储存起来，以便在光照不充足或无光照时仍然为车辆提供动力。这也是蓄电池的主要作用，两者结合可以保证太阳能汽车在任何环境下均保持正常行驶。

蓄电池的储存功能不仅在太阳能运用过程中起作用，当停车不用时，只要满足相应的光照，也会产生相应的电能被蓄电池储存。太阳能汽车的制动系统也不同于传统汽车，在减速过程中主要通过电流减弱来达到减速效果。蓄电池的储存功能让电能得以回收，不仅便于后期车辆的行驶，还在一定程度上起到节约能源的作用。通常情况下，常见的太阳能汽车上会安装相应的功率跟踪装置（MPPT），主要用于检测其所需功率，控制能量传输，在太阳能汽车行驶过程中进行能量分配。

太阳能属于自然资源，是绿色能源的一种，对比其他能源来说有得天独厚的优势。太阳能汽车的主要动力来源为太阳光照，对于稀缺的其他有限资源来说，可以无限使用。在太阳光照充足的情况下，通过太阳能电池板将光照收集起来逐步转化成电能，日常使用过程中可以转化为日常用电，节约能源的同时减少了有害气体的排放。当然，也因为太阳能电动汽车中没有内燃机，可以大大降低行驶过程中的噪声，较少噪声污染。

相对于传统的燃油汽车来说，实用型太阳能汽车有四个优势。

第一，太阳能汽车与其他汽车相比，其耗能更低，正常情况下（3~4）m^2的太阳能电池组就可以保证正常行驶，且太阳能资源丰富。

第二，太阳能汽车在驾驶过程中无点火操作，启动过程简单，变速灵敏，在驾驶过程中更方便快捷。同时，太阳能汽车的制动效果更好，主要是因为在制动过程中采用四轮鼓式制动。

第三，太阳能汽车的整体结构没有传统汽车那么复杂，正常保养多为蓄电池的更换，基本没有传统的机油维护及保养等。而且通常情况下为保证续航，太阳能汽车的车身更为轻巧，在日常使用过程中也更灵活。

第四，太阳能汽车启动简单，各种零部件较少，在制造过程中不仅可以减少配件使用，还可以降低制造的整体难度。

（二）新能源汽车的基本结构

1. 纯电动汽车的结构

纯电动汽车的主要动力来源为可充电电池，其中的电能可以作为汽车运行的主要动力。当然，可充电电池也存在一定污染，因此在选用此类车辆时需要选择符合交通法规要求的车辆。常见的可充电电池主要有以下几种：镍-镉电池、镍-氢电池、铅酸电池和锂离子电池。其中运用在电动汽车中的电池其蓄电力更高，主要是用来代替汽车中的内燃机，在一定程度上可以将蓄电池等同于发电机。电能属于二次能源，相对来说对能源的消耗以及对环境的污染均较小。

纯电动汽车动力部分由电驱动子系统、能源子系统和辅助控制子系统三个子系统组成。

① 电驱动子系统由电子控制器、功率转换器、电动机、机械传动装置和车轮组成，主要作用是根据制动踏板传感器和加速踏板传感器传来的驾驶员动作信息，控制功率转换器将能源子系统提供的电能输送到具有"二合一"功能的电动机/发电机，电动机/发电机将电能转换为机械能，驱动车轮旋转。

② 能源子系统由主电源、能量管理系统和充电系统构成，能量管理系统主要对充电过程和用电过程进行有效的管理，监控电源的使用情况。当车辆产生制动时，能量管理系统和电子控制系统共同控制电动机/发电机转为发电机工作状态，将制动能量通过机械传动装置传输给电动机/发电机，产生电流向主电源充电。

③ 辅助控制子系统由动力转向系统、温度控制系统和辅助动力源组成，辅助动力源将主电源提供的电压转换成车内各辅助系统（转向系统、空调系统、其他辅助系统）所需要的电压，为其提供电能。

纯电动汽车的驱动系统是电动汽车的核心部分，其性能决定着电动汽车运行性能的好坏。电动汽车的驱动系统布置取决于电动机驱动系统的方式，由于电动机在电驱动特性和能源方面的多样性，电动汽车可有各种可能的驱动系统的结构形式。

2. 插电式混合动力汽车的结构

插电式混合动力汽车本身就是一种混合动力电动汽车，是在三种混合动力系统的基础上发展起来的。区别在于，其车载的动力电池组可以利用电网（家用电源插头）进行充电，充电后可以依靠动力电池和电动机驱动汽车在纯电动模式下行驶，电池电量快用完时可以在混合动力模式下行驶，电池电量用完后可在传统发动机驱动下行驶。

插电式混合动力汽车的特点为：既可以采用纯电动模式驱动行驶，又可以采用传统发动机驱动行驶；在晚间可以利用低谷外部电网对车载动力电池进行充电，降低使用成本；对动力电池要求较高，动力电池的循环工作寿命受到一定影响，所以需要动力电池具有深充和深放的能力；具有低噪声和低污染的优点。

第二节 驱动电机及其基本定律

一、驱动电机的认知

在新能源汽车中，一般情况下是驱动电机取代发动机并在电机控制器的控制下，将电能转换为动能来驱动车辆行驶。其中，在纯电动汽车和燃料电池汽车中，驱动电机是唯一的动力装置；在串联式混合动力汽车中，驱动电机是主要的动力装置；在并联式混合动力汽车中，电动机是辅助动力装置。新能源汽车与传统燃油汽车最重要的区别在于新能源汽车全部以驱动电机为动力装置。

（一）驱动电机的基本特征

电机，也称驱动电机，是一种将电能转化成机械能，并可再使机械能产生动能，用来驱动其他装置的电气设备。驱动电机对于新能源汽车而言就像人的心脏一样重要，它负责给整车提供驱动的力，是新能源汽车驱动系统的核心部件之一。驱动纯电动汽车和混合动力汽车的电机需要在各个转速下均能够产生转矩。汽车用驱动电机在中速以下时要求恒定功率输出，转矩与速度组合决定电机的运转情况，根据坡道起步、急加速、行驶区域、高速巡航等不同的行驶状态，会发生很大的变化。新能源汽车采用的驱动电机有以下特征（图 1-4）。

图 1-4　驱动电机的基本特征

(1) 体积小、功率密度大 由于新能源汽车的整车空间有限,因此要求驱动电机的结构紧凑、尺寸小。这就意味着电机系统(驱动电机+电机控制器)的尺寸将受到很大限制,电机设计厂家必须想尽办法缩小驱动电机的体积,即提高电机的功率密度和转矩密度。尤其是民用的乘用车,对电机的体积限制要求很高,因此业内一般选用高功率密度的永磁同步电机作为驱动电机的解决方案。

(2) 效率高、高效区广、重量轻 新能源汽车的续航里程一直是短板,而提升续航里程的方法就是提升驱动电机的效率,保证每千瓦时电都能发挥最大的用处。驱动电机的高效工况区要广,保证汽车在大部分工况下都处于高效状态。减轻电机重量,也能间接降低整车的功耗,实现续航里程提升。

(3) 安全性与舒适度高 针对汽车用户的体验,对于新能源汽车驱动电机,还需关注电机自身的安全性和舒适度。安全性可以理解成电机的可靠性,即电机在恶劣环境下能否正常工作。可通过高低温箱试验来进行安全性能检测。舒适度,即电机在运行时是否会对驾驶人产生体验上的不适,关注的是电机运行时的振动和噪声情况。

(二)驱动电机的类型划分

电机(电动机)从很早以前就已经实用化,并且产品种类和形式也越来越丰富,其主要包括以下类型(图1-5)。

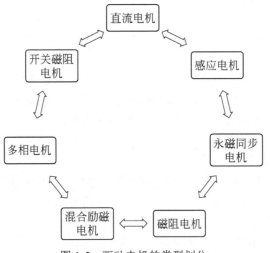

图 1-5 驱动电机的类型划分

1. 直流电机

直流电机是在电动汽车上应用最早也是最广泛的一种驱动电机,对于由动力电池提供电能的新能源汽车,可以通过电池组直接获得直流电。

定子、换向器、转子及电刷共同构成了直流电机,定子和转子上分别有磁极与绕组,不过通电之后磁极也会出现在转子上,于是定子和转子都会形成属于自己的磁场，两个磁场之间的吸引会让电机旋转。直流电机有着很长的商品化时间，控制上也没有难度。当下电动车辆常用的电机包括他励直流电机、串励直流电机及永磁（有刷）直流电机，但电机也存在缺陷，如自身结构比较复杂；高速运转时会出现环火；存在电刷维护问题；体积较大；不利于防护；电火花会带来电磁干扰。随着交流电机驱动系统的不断进步与发展，可以预见它会逐步取代直流电机。

直流电机是旋转电机，输入或输出的都是直流电能，可以转换直流电能和机械能。直流电机按照不同的励磁方式有以下几种类型（图1-6）。

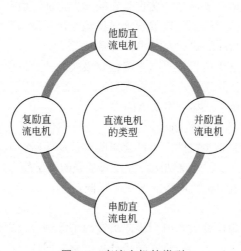

图1-6 直流电机的类型

（1）**他励直流电机** 他励直流电机中并不包含电枢绕组，其直流电源来自励磁绕组，他励直流电机也可以被称为永磁直流电机。

（2）**并励直流电机** 励磁绕组以并联的形式连接电枢绕组，励磁绕组供电指的是并励发电机自身产生的端电压；从性能上看，并励直流电机与他励直流电机并无区别，它的励磁绕组和电枢用的是相同的电源。

（3）**串励直流电机** 励磁绕组以串联的形式连接电枢绕组，由直流电源供电，其励磁电流也被称作电枢电流。

（4）**复励直流电机** 复励直流电机既有并励励磁绕组，又有串励励磁绕组。积复励指的是两个励磁绕组产生了方向相同的磁通势，差复励指的则是两个励磁绕组产生了方向相反的磁通势。

2. 感应电机

感应电机也被称为异步电机，它的旋转磁场中有转子，转子的转动是在转动力矩的作用下实现的。转子一般为鼠笼状的导体，可以转动。感应电机采用的是棒状导体，通过顶部的圆环实现短路。线槽分布在感应电机内侧，其中的缠绕绕组为三相分布式，分为U、V、W三组。当它们与三相交流电流接通后就会出现旋转磁场，转子导体棒会随着磁场旋转的移动穿越整个磁场，按照右手法则会有电动势出现在转子内，这些电动势会让转子导体内部的电流来回流动，然后根据左手法则，在转子导体与定子的共同作用下就会出现转矩。转子与定子两个磁场的不断变化会产生转速差，这也是感应电机的一个特征。

3. 永磁同步电机

电机使用永磁磁体作为转子，转子磁体中包含 S 极和 N 极，会随着定子绕组的磁极旋转。磁场中会出现磁通量，电能与机械能会在电枢的作用下完成转换。端盖、转子及定子等不同部件共同构成了永磁同步电机。通常情况下，永磁同步电机与感应电机有着基本一致的定子结构，这也是它的一大特征，而永磁同步电机与其他电机的不同之处在于它的转子上可以放置永磁体磁极，其结构非常独特。一般来说，永磁同步电机可以分为面贴式、内嵌式以及插入式三种。

用于汽车驱动的同步电机几乎都为旋转磁极式，转子使用永磁体。此外，同步电机开环控制容易产生脱离同步运转的情况，因此需要对转子的磁极位置进行检测，根据磁极的变化改变定子三相电缆电流的供给。

永磁同步电机使用永磁体励磁作为转子，逆变器的电压会随着不断升高的转速达到极限。反电势及直轴电抗的大小都会影响电机的弱磁能力，不过由于永磁体与直轴磁路是相互串联的，因此直轴磁路并没有较强的弱磁能力，反而是磁阻比较大，电机的最高转速会随着电机反电势的增加而降低。

4. 磁阻电机

为了提高弱磁能力，针对永磁同步电机提出了改进电机本体结构，从电机结构的角度来研究弱磁能力，采用凸极式转子结构的永磁同步电机。凸极式转子结构就是转子的直轴磁阻大于交轴磁阻，表现为凸极电机的性质。这样，电机电磁转矩的组成就类似于普通的凸极永磁同步电机，其构成中既包含永磁转矩，也包含磁阻转矩。但永磁磁阻式同步电机的电磁转矩又在很大程度上不同于普通凸极永磁同步电机，普通凸极永磁同步电机的核心部分是永磁磁场，因此它很难实现高速弱磁。而永磁磁阻式同步电机只有一小部分的永磁，其作用为不仅可以降低逆变器的容量，还可以提高功率因数和励磁等。永磁磁阻式同步电机可以轻易地实现弱磁，恒功率比范围比较广。

永磁磁阻式同步电机的永磁含量较少，因此弱磁容易，可以很方便地解决永磁电机的恒功率调节问题。

5. 混合励磁电机

混合励磁电机中存在两个磁动势源：永磁体磁动势和电励磁磁动势。在电机运行过程中，永磁体工作点基本不变，可近似将其看作一个恒定磁动势源；而电励磁磁动势的幅值和方向可调，可看作一个可变磁动势源。

混合励磁电机有多种结构，按照永磁体磁动势和电励磁磁动势的相互作用关系，可以分为串励式、并励式和混励式。两个磁动势之间的相互作用关系直接影响混合励磁电机的性能。

磁动势串联结构的混合励磁电机在永磁体磁路上叠加一个电励磁磁动势源，对于电励磁磁动势源来说，永磁体相当于等厚的空气，过大的气隙会导致过大的励磁功率。另外，助磁时受铁芯饱和效应的影响，其助磁幅度受到限制；而弱磁时，由于永磁体矫顽力的限制，必须保证电励磁磁动势不会对永磁体产生不可逆退磁的危险，因此其弱磁范围不大。

总体上看，磁动势串联结构的混合励磁电机调磁范围有限，对永磁体有不可逆退磁的危险，且产生单位磁通的励磁功率较大，电机整体效率较低。不过，串励式结构混合励磁电机具有结构紧凑，漏磁小的优点。

永磁电机与电励磁同步电机结合后就形成了并励式结构，它们会使用同一个定子铁芯和定子绕组。电机的转子能够以两种形式组合：第一是永磁转子和电励磁转子之间的组合呈轴向，两个转子的不同长度比例可以带来不同的磁场范围；第二是永磁转子和电励磁转子沿周向组合，可以将电机分成几组拥有一致周向的单元电机，构成单元电机的既有永磁体磁极，也有电励磁磁极。为了保证两个磁路之间没有任何干扰，相互独立，通常会采取相应的隔磁措施。各个单元电机都会出现电枢支路，这些电枢支路既能各自独立，也可以并联、串联或混联。想要获得不同的磁场范围，可以对永磁体磁极与电励磁磁极中各个单元电机的比例进行调节。

并励式混合励磁电机不仅有很强的磁场控制能力，励磁损耗也非常小，而且永磁体不会出现不可逆退磁的潜在危险，但现在的并联式混合励磁电机依然存在缺陷。若是定子铁芯和定子绕组原有的空间被并联式混合励磁电机的励磁绕组占据，那么就会让材料得不到充分的利用，这样会增加电机成本。

永磁体磁路和电励磁磁路在混励式结构中都是独立存在的，电励磁磁动势会在铁芯某部位形成共磁路，并不会出现在永磁体上，因此不会出现不可逆退磁的现象。但当下的混励式混合励磁电机有着十分复杂的结构，电励磁绕组的散热能力较差，很难实现产品化。从控制磁场能力看，电励磁的磁路长，容易出现漏磁现象，无法与并励式结构混合励磁电机相比。

相比于串励式与混励式混合励磁电机，并励式混合励磁电机不仅有着更强的电励磁控制磁场能力，还有着更可靠的永磁体，属于永磁磁动势和电励磁磁动势的最佳组合。但仍需进一步研究混合励磁电机，完善拓扑结构，提高材料利用率，扩大优势，这样才能让混合励磁电机拥有更强的市场竞争力，得到越来越多的认可。所以在进一步研究混合励磁电机的过程中，要以拓扑结构优化设计为切入点，在降低开发成本的同时研发出性能优良的混合励磁电机，占据更多市场份额。

混合励磁电机的合成磁场中既包含电励磁磁场，也包含永磁体磁场，电励磁磁场可以双向使用，扩大了幅值的范围，而永磁体磁场则是固定的。混合励磁电机拥有比永磁电机更高的密度和更好的效率，能够在很大程度上扩大磁场的范围。混合励磁电机有各种各样的结构和磁场组合形式。

从调速特性看，混合励磁电机集中了永磁同步电机和电励磁电机的优势，在调速过程中既可以使用矢量控制法，也可以对电励磁绕组的电流和方向进行调整，增加磁场幅值，扩大调节范围，让混合励磁电机拥有更大的恒功率调速范围。

6. 多相电机

多相电机与三相电机一样，可以按照运行原理划分成两类：一类是多相感应电机，它的转子绕组既可以是绕线型，也可以是笼型，但现在使用最多的是笼型多相感应电机；另一类是多相同步电机，类型主要包括多相永磁同步电机以及多相电励磁同步电机等，是根据转子上的不同励磁方式划分的。

多相电机使用的调速系统由多相逆变器驱动，可以变化的是相数，增加了设计和控制自由度，能较好地实现电机本体与逆变器的最优匹配，充分发挥调速系统的整体性能和可靠性。所以，相比于三相电机调速系统，除了具有三相电机调速特性外，还有以下特点（图1-7）。

（1）**实现低压大功率传动** 当供电电压受到限制时，多相电机调速系统是最好的选择，它不仅可以扩大功率，还可以增加相数，分摊电流，让功率开关器件可以使用更小的电流，解决了并联过程中出现的动态和静态均流问题，让系统更加安全可靠。

（2）**提高调速系统的整体性能** 多相电机相数增大，使得电机的谐波次数增大，幅值下降，有效地减小了电机的转矩脉动、噪声和振动并改善低速运行性能。另外，多相电机由于谐波幅值小，一般情况下不采用短距和分布绕组，故绕组系数大，使

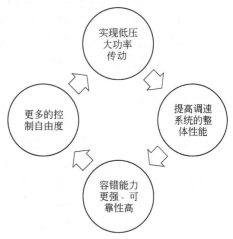

图1-7 多相电机的特点

产生同样转矩的基波电流减小，定子的铜耗降低。对于感应电机而言，由于磁场谐波含量的降低，转子电流谐波减小，转子铜耗下降。

（3）**容错能力更强、可靠性高** 电机有若干个向数，所以当一相或几相发生问题时，电机依然可以运行，不会因此而停止。

（4）**更多的控制自由度** 电压空间矢量会由于相数增加而提升，这会将更多的控制资源提供给电压型逆变器，增加其空间矢量脉宽。例如，从直接转矩控制性能看，相比于三相电机，多相电机的表现明显更好。

虽然多相电机及其调速系统有不少优势，但在通用场合中，多相电机调速系统还是不如三相电机调速系统，三相电机调速依然有着不可撼动的地位。这是因为相数的增加会提高成本，而且会让电机的结构更加复杂。一个桥臂只能驱动一相，这就需要更多的功率开关器件。因此，只有大功率场合才会使用多相电机。

7. 开关磁阻电机

开关磁阻电机的定子和转子铁芯均由硅钢片叠压而成，定子和转子冲片均有一个齿槽，构成双凸极结构，根据定子和转子片上齿槽的多少，形成不同的极数。开关磁阻电机的工作原理遵循"磁阻最小原理"——磁通总是沿磁阻最小的路径闭合，

因此，由磁场扭曲而产生磁阻性质的电磁转矩。

二、电机学基本定律

安培环路定律、电磁感应定律和电磁力定律是进行电机原理分析的基本定律，可逆性原理是电机的普遍规律（图 1-8）。

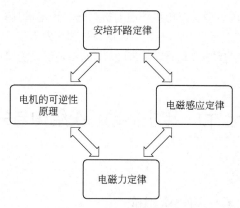

图 1-8　电机学基本定律

（一）安培环路定律

在磁场中，磁场强度矢量沿任一闭合路径的线积分等于该闭合路径所包围的电路的代数和，即

$$\oint_l H \, \mathrm{d}l = \sum i \tag{1-1}$$

式中，$\sum i$ 为全电流（传导电流和位移电流）的代数和。

当电流的方向与闭合路径上的磁场强度的方向满足右手螺旋定则时，电流取正值；否则取负值。

（二）电磁感应定律

假设有一个匝数为 N 的线圈位于磁场中，当与线圈交链的磁链 $\Psi = N\Phi$ 发生变化时，线圈中将产生感应电动势。感应电动势的数值与线圈所交链的磁场的变化率成正比。如果感应电动势的正方向与磁通的正方向符合右手螺旋关系，则感应电动势为

$$e = -\frac{\mathrm{d}\Psi}{\mathrm{d}t} = -N\frac{\mathrm{d}\Phi}{\mathrm{d}t} \tag{1-2}$$

式中，负号表示线圈中感应电动势倾向于阻止线圈内磁链的变化。

（三）电磁力定律

位于磁场中的载流导体受到磁场力的作用，该力称为电磁力，如果磁场与载流

导体相互垂直，则作用于载流导体的电磁力为

$$f = BIl \tag{1-3}$$

式中，B——磁感应强度；I——通过导线的电流强度；l——切割磁感线的有效长度。

（四）电机的可逆性原理

电机的可逆性原理表明，发电机和电动机只是一种电机具有的两种不同运行方式（发电运行和电动运行）。实际上，某些电机通常被称为发电机（或电动机），这说明该类电机作为发电机（或电动机）运行时性能较好，而不是说只能用作发电机（或电动机）。

第三节 电机驱动系统结构与关键技术

一、电机驱动系统的结构组成

电机驱动系统一般由电动机、功率变换器、传感器和控制器组成。

电机控制系统应根据其性能要求以及控制算法的复杂程度，选择比较合适的微处理器，较为简单的有单片机，复杂的可以选用 DSP 控制器，最新出现的电动机驱动专用芯片可以满足一些辅助系统电机控制的需要。对于控制系统较为复杂的电机控制器而言，控制芯片一般选用 DSP 控制器。

控制电路主要包括控制芯片及其外围电路、AD 采样电路、IGBT 驱动和保护电路、位置检测电路等部分。

功率变换器主电路采用三相全桥逆变电路，其功率开关器件一般选用 IGBT。在大电流、高频开关状态下，从电解电容到功率模块的杂散电感对功率电路的能耗、尖峰电压影响较大，因此采用层叠式母板使杂散电感尽可能小，以适应控制系统低电压、大电流的工作特点。

二、电机驱动系统的关键技术

（一）弱磁控制技术

目前，弱磁控制的应用非常广泛，刚开始多用于直流电机的调速，通常情况下对直流电动机来说想要输出较大的转矩需要满足两个条件，分别是满磁及额定的速度。如果想要增强转速，对应的转矩就会随之减小。当然，转速的增强也会减小对应的励磁，对于弱磁控制来说目前多用于直流调速器。

之所以有弱磁这个定义，主要也是因为直流传动控制的原因。在对直流电动机转速进行数学计算时，其中的磁场和速度以反比例的函数关系呈现。通常情况下电动机控制方式主要采用恒转矩形式，当然采用此形式的前提是在额定转速之内，此时电机的速度随电压的增大而逐渐增大。在额定转速之外则通常会选择恒功率控制，顾名思义，此时的电枢电压相对保持在一定范围内，这时候电机的转速会随着磁场的不断增强而逐渐减小。

交流电动机的矢量控制之所以成型，离不开直流电动机模型控制，因此在对交流电动机调速控制进行定义时与直流电动机定义异曲同工，如果电动机的转速处于恒定状态，相应的电压、电流等参数都达到额定值；当电动机需要超过额定转速运行时，不可能再通过升压等方式提高转速，而需要进行弱磁控制；当交流电动机的电压为额定电压，频率超过额定频率时，就进入了弱磁控制调速区。

就具体的控制方式而言，如果电机使用弱磁控制，此时的转矩相对较低，但是对应的输出功率是固定的，之所以产生此种效应，主要是因为磁通减小，这时电流会受控制系统的限制，保持在恒定范围之内，当然，出现此种情况的前提必须是电流闭环。如果是在转矩闭环的前提下让电机采用弱磁控制，其磁通会相应减小，若要让转矩保持在恒定范围之内，则需要增加电流量，这个时候电机的输出功率较大。

（二）位置传感器控制技术

对于驱动电机控制系统，位置传感器本身存在四个缺点：第一，不仅增加了电动机的成本，同时其体积也有所增大；第二，位置传感器通过增大转轴惯性，改变了其中的性能，比如动态性能、静态性能；第三，增加传感器会增加其中的连接线路，整体系统的抗干扰能力大大降低；第四，当系统处于极端环境中时，位置传感器的存在会降低其可靠性，比如高温环境、腐蚀环境、常震动环境等。当前对于无位置传感器的驱动电机控制系统的检测方法有很多，比如反电动势过零点检测法、反电动势积分法、扩展卡尔曼滤波法、续流二极管检测法、涡流效应检测法等。

1. 反电动势过零点检测法

反电动势过零点检测法是目前技术最成熟、实现最简单、应用最广泛的转子位置检测方法。这种方法应用于三相六拍、绕组星形接法、120°两两通电方式的直流无刷电动机。其原理为：在直流无刷电动机稳态运行时，忽略电动机电枢反应的前提下，通过检测关断相反电动势的过零点来获得永磁转子的关键位置信息，从而可以控制绕组电流的换相，实现电动机的运行。这种方法用三相低通滤波器和电压比较器所组成的电子电路取代传统的位置传感器，实现了转子位置信号的获得。目前应用最广泛的就是这种方法，尤其是在家电领域。

2. 反电动势三次谐波积分检测法

反电动势三次谐波积分检测法适用于120°导通、绕组星形接法的无刷直流电动机的控制系统，由于梯形波的反电动势必然包含三次谐波分量，因此对此分量进行积分，当积分值为零时即可获得相应的转子位置信息。其实现方法是在三相星形绕组上并联一个星形电阻网络，通过电阻网络中性点与直流侧中点之间的电压获得三次谐波，省去了电动机绕组与电阻网络两中点之间的连线。相比而言，采用反电动势过零点检测法的调速范围为 1000～6000r/min，而反电动势三次谐波积分检测法可以获得更宽的调速范围（100～6000r/min），这种方法同样需要采用开环启动方式，但性能比反电动势过零点检测法更优越。

3. 续流二极管检测法

续流二极管检测法是通过检测反并联于逆变器功率开关管的续流二极管中非导通二极管的导通或截止情况来判断转子的磁极位置。这种方法实际上是对反电动势过零点的检测，但能够改善无刷直流电动机的低速性能，获得更好的调速范围（45～2300r/min）。由于静止时无法检测转子位置，仍需要开环启动方式，但是较好的低速性能改善了低速运行特性。这种方法的缺点是检测电路使硬件电路更加复杂，并增加了控制难度。

4. 反电动势积分法

反电动势积分法是对非导通相绕组的反电动势积分从而获得转子位置，当关断相的反电动势过零点时开始对其绝对值积分，当积分值达到一个设定的阈值时停止积分，此时获得的转子位置，对应于转子绕组的环流时刻，改变阈值即可实现高速时为提高转矩而采取的换向相角度超前控制。因为低速时反电动势信息很弱，因此该方法同样需要采用开环启动方式。逆变电路功率开关管的开关噪声会影响这种检测方式的低速特性。

5. 磁链估计法

磁链估计法是利用测量定子电压和电流的方法而估算出磁链，然后根据磁链与转子位置的关系估算出转子位置。该方法包含两个电流环结构，即内环矫正磁链的估计值和外环调整位置的估算值。这种方法有较高的准确度，受被测量误差和电动机参数变化的影响较小，在从静止开始的宽调速范围内，该方法都能够准确地检测转子位置，可以应用于永磁同步电动机和无刷直流电动机的无位置传感器控制。

6. 扩展卡尔曼滤波法

扩展卡尔曼滤波法（EKF）常用于永磁同步电动机的无位置检测磁场定向控制中，但因其算法计算量大而限制了在实际中的应用。具有强大计算能力的数字处理器（DSP）解决了这个问题，DSP 的快速计算能力实现了扩展卡尔曼滤波法的应用，保证了实时获得转子位置、转速和转矩信息，使系统的可靠性和运行性能提高。

7. 电感测量法

在内置式（IPM）无刷直流电动机中，电动机绕组电感和转子位置也有一定的对应关系，电感测量法就是通过检测内置式无刷直流电动机绕组电感的变化来判断出转子的位置。通过分析绕组星形接法的 IPM 无刷直流电动机，当两相绕组电感量相等的时刻对应于反电动势过零点时，磁势绕组中性点电位为直流侧中点电压，在空调压缩机的实验中，其调速范围为 500～7500r/min。尽管低速时反电动势很小，但中性点电位代表着转子位置信息,所以这种方法有良好的低速性能,但是需要对绕组电感进行实时测量,在具体的实现方式上难度较大。

8. 电流法

针对反电动势过零点检测法随速度改变而变化的相位差问题,进而提出了通过检测电动机定子相电流波形来判断转子位置的相电流检测电路,再与霍尔传感器进行对比的方法,在 696~3174r/min 范围内该电路都能作为位置检测电路,很好地实现转子位置检测功能。

9. 涡流效应检测法

在永磁转子表面粘贴部分非磁性导电材料,通过测量此材料中的涡流影响引起的开路相电压变化来判断出转子位置,保证无刷直流电动机在启动和低速时的可靠运行。因为该方法对电动机的结构有所改变,增加了电动机的设计加工难度,因此在实际应用中并不多。

10. 智能控制检测法

近年来,随着控制技术的不断发展,智能控制技术逐步从理论研究走向实践应用,利用模糊控制或神经网络控制策略建立电压、电流和转子位置的相互关系,基于检测到的电压和电流信号来估算转子位置,从而实现电动机无位置传感器控制的方法,就是一种典型的智能控制检测法。新能源汽车辅助系统的空调压缩机、高压散热风扇、高压水泵一般都采用无位置传感器控制方法。

(三)能量回收技术

能量回收技术也称为再生制动或回馈制动,是新能源汽车在制动或减速运行工况时把车轮的动能转换为电能,并反馈给动力蓄电池的一种制动方式。此工况下,驱动电机运行在发电状态。

能量回收技术是新能源汽车所独有的,在减速或制动时将车辆行驶的部分动能以电能的形式存储起来实现节能,采用能量回收技术后能够节省 10%~20% 的能量,可以有效延长新能源汽车的续驶里程。

驱动电机减速或制动都是通过逐渐减小驱动电机运行频率实现的,在频率减小的同时,电动机的同步转速会随之下降。而由于机械惯性的原因,电动机的转子转速并未降低,或是转子转速的变化有一定的时间滞后,这时就会出现实际转速大于给定转速,从而出现电动机反电动势高于其输入电压的情况。此时驱动电机就变成发电机,不但不消耗电能,反而可以通过电机控制器向动力蓄电池反馈电能,这样既可以获得良好的制动效果,又可以将动能转换为电能。

但是在能量回收的过程中,车辆的动能不可能全部转换为电能输送给动力蓄电池,损失的能量包括空气阻力、车轮滚动阻力、系统损耗、驱动电机损耗等。制动回收的电能是不确定的因素,不能作为可靠稳定的能量来源来计算车辆的动力性能,一般能量回收技术作为节约能源和延长续驶里程的辅助方式。

第四节 驱动电机系统的发展趋势

一、驱动电机的发展趋势

交流感应电动机的显著特点是结构坚固,这一特性的存在使其即使在高速运行时也不用非以大体积的形态存在,同时可以在控制策略不断优化下提升效率,因此在生活中存在很多应用交流感应电动机驱动系统的情况,比如高科技发展下的新能源汽车。当前,控制系统仍然存在很多问题,比如性能低、效率低下、质量不合格、体积过大等,这些问题均需要去逐步解决,不断提升性能与质量,缩小占用空间,逐步向数字化与集成化拓展。永磁电动机的性能方面相对优势较多,我国土地面积广阔,稀土的存储量相对较多,占世界整体比例的3/4左右,这一丰厚的资源为我国研究稀土永磁材料带来了得天独厚的条件,在为我国带来一定经济利益的同时进一步促进了我国高新技术的飞速发展,当然,其带来的社会效益也非常大。通过对稀土材料的不断开发,与稀土相关的科技发展也非常迅猛。当前,我国对永磁电动机方向的相关控制技术已经遥遥领先,在我国的应用也非常广泛,在未来社会与科技发展中其应用与发展仍会发挥着不可替代的作用。我国丰富的稀土资源为永磁电动机的创新与发展打下了坚实的基础。

轮毂电机的使用范围也非常广,驱动系统切换自如,在使用过程中不仅可以用两个前轮驱动或两个后轮驱动,而且可以四个轮同时驱动。轮毂电机的驱动形式完全不同于传统内燃机,所有的驱动轮都相对独立,在一体化控制时更方便。

轮毂电机与内燃机汽车或单电机确定的形式相比有很多的优势,主要有以下四个方面。

第一,动力控制连接的转变,目前主要是从原有的硬连接变成了软连接。其可以在零与最大转速之间随意改变,通过电子线控制,即使各驱动之间存在一定差速,也可以正常运转,使汽车整体使用简单明了,比如机械换挡简化、传动轴简化等,让整体驱动效率得以提升,增加车辆使用便捷性的同时,提升整体内部空间。

第二,其不同驱动轮中的驱动力控制是相对独立的,在控制过程中更灵活多样,让整体的动力输出更随心所欲,不仅在平整路段可以正常行驶,还可以满足恶劣路段正常行驶的需求。

第三,其整体的能量回馈更加容易实现,比如电气制动等。

第四,整体的底盘结构更加简化,在进行车身设计的时候也可以有更多自由拓展另段的空间。后期随着科技的发展,当实现底盘独立的时候可以将其与车身分离,在汽车开发时也会有更多的设计空间。

车辆的控制通过导入线实现，四轮驱动系统下的车辆性能将会提升，行驶过程中更加平稳，同时其转向半径也会相应减小，使用非常灵活，特定条件下还会出现零转向半径的情况，更加灵敏。

轮毂电机的优点非常多，比如整体控制灵活多变，在实现整体制动的同时可以优化车身控制，增大其设计空间，同时还可以实现能量回收等，这些优点的体现均有可能成为未来研究发展的方向。

随着科技的发展，驱动电机技术必然也会更新，不断采用新的技术及新材料等优化原有功能；使用新工艺不仅可以提升电动机的设计水平，同时其制造技术也会不断更新，优化电动机各项性能；缩小电动机体积，提升其质量要求也是其未来发展的方向之一，在保证其良好运营的基础上采用特殊工艺进行处理，达到所需要求。整体来说，交流电动机、永磁轮毂电动机及开关磁阻电动机均是未来科技着重发展的对象，其中以永磁轮毂电机为主要发展方向，之所以将其作为重点，离不开优越性能的展现，在未来必然会占据大部分市场。

二、电机控制系统的未来趋势

随着科技的发展，微电子技术已经逐渐成熟，DSP电动机控制芯片的开发也不断更新，驱动电机控制可以通过软件进行，在提升整体性能的同时也在逐步简化其使用方式，升级其使用形式。当前在CAN总线技术下的数字控制系统已经在新能源汽车控制中占据了非常重要的地位，在其硬件组成中是不可缺少的一部分。

电动机控制技术不是单方面的，还包含执行机械技术、信息运行技术、信号检测技术以及电动机集成系统和驱动技术等。驱动控制系统包含的方面非常多，涉及的理论和学科也非常广泛，各项技术相互结合促进了驱动电机控制技术的发展，影响着生活的方方面面。理论的优化与设计的革新均是各项理论结合研究的成果，电动机理论与计算机技术相结合，电力电子技术和控制理论相融合等，逐步实现了车辆的运行要求。

非线性控制技术可以独立存在，也可以与电动机控制系统相结合，比如电动机控制技术和变结构控制、神经网遗传算法等相融合，不仅提升了精准度，还可以更好地处理各种非线性的问题，实现智能化的控制。非线性控制技术的提升使得各项应用区域简洁明了，同时还提升了电动机控制的性能，满足出行需求。

新能源汽车驱动系统的参数非常多，其中主要参数有以下几个：效率、尺寸、转矩、转速、可靠性、重量等。当然，驱动系统的设计也受多方面影响，整体系统是否相配，是否可以进行快速安装，所需电压是否能满足需求等，这些均会影响选择。随着科技的不断进步，驱动电机和机械传动或集成电路等融合将会成为其未来发展的方向，不同组合的优化会有不同的效果，满足不同的需求。

驱动电机控制系统的性能更好，整体结构也更为紧密，降低空间的同时，降低整体成本，这些优势的体现主要因为其没有位置传感器。这也是其在未来发展的一个方向。

整体来看，驱动电机的发展方向是小体积大容量，节能降本，提高性能，减少维护。驱动性能的不断优化在未来新能源汽车改进过程中不可缺少，影响也非常深远。

第二章 新能源汽车驱动电机的内部构建

第一节 新能源汽车驱动电机的特点

新能源汽车驱动电机的特点主要有以下方面（图2-1）。

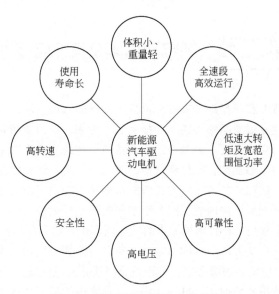

图2-1 新能源汽车驱动电机的特点

第一，体积小、重量轻。为了充分利用有限的车载空间，减轻车辆重量，降低运行中的能量消耗，应尽量减小驱动电机的体积和重量。电机可以采用铝合金外壳，各种控制装置和冷却系统等也要求尽可能轻量化和小型化。

第二，全速段高效运行。一次充电续航里程长，特别是在车辆频繁启停或变速运行的情况下，驱动电机应具有较高的效率。

第三，低速大转矩及宽范围恒功率。即使没有变速器，驱动电机本身也应能满足所需的转矩方面的要求和特点，从而面对汽车的任何运行状况，比如减速、启动、制动、增速和行驶等，都能得到功率和转矩等方面的支撑。新能源汽车的驱动电机能够实现自动调速，让驾驶人在驾车过程中更舒适，让驾驶人的操作更简便，而且在响应控制方面，可以实现和传统内燃机一样的要求。

第四，高可靠性。在任何运行工况下都应具有高可靠性，以确保车辆的行驶安全。

第五，高电压。在允许的范围内尽可能采用高电压，可以减小电机、控制器、导线等的尺寸，特别是可以降低逆变器的成本。

第六，安全性。动力电池组、驱动电机等强电部件的工作电压能达到300V以上，对电气系统的安全性和控制系统的安全性提出了更高的要求，新能源汽车驱动电机必须符合相关车辆电气控制的安全性能标准和规定。

第七，高转速。与低速电机相比，高转速电机的体积小、重量较轻，有利于降低整车装备的重量。

第八，使用寿命长。为降低新能源汽车的使用成本，驱动电机的使用寿命应和车辆保持一致，真正实现节能环保的目标。同时还要求驱动电机具有耐温和耐潮性能好、运行噪声低、结构简单、成本低、适合批量生产、使用维护方便等特点。

第二节 纯电动汽车及其充电技术

众所周知，节能和环保是未来汽车可持续发展的永恒主题，汽车的节能减排技术已成为汽车工业发展急需解决的一项技术。近年来，各国争相对汽车节能减排技术进行了大量的研究与发展，最普遍的方式就是对传统内燃机汽车采取一定的技术改造，如代用燃料、添加剂、催化净化器、多气门结构、涡轮增压、稀燃、分层燃烧、电控喷射等。但这些技术的应用还未能从根本上解决汽车的排放和能源问题，发展纯电动汽车是能够解决内燃机汽车诸多问题的重要途径之一。如何以低成本快速地开发出技术指标高、符合市场需求的纯电动汽车，成为汽车界新的热点之一。

纯电动汽车从广义上可理解成由电动机驱动的车辆，电动机的驱动电能来源于车载储能装置（蓄电池、超级电容、飞轮储能装置等），它包括在道路上行驶的电动车辆，低速的工业用蓄电池车，机场、码头、仓库用的电动运输车和电动叉车，电动观光游览车，电动巡逻车及各种电动专用车等。纯电动汽车在狭义上指的是从车载储能装置获得电能,由电动机驱动,同时满足道路安全法规对汽车的各项要求,允许在正规道路上行驶的车辆。

一、纯电动汽车的类型划分

根据用途不同,纯电动汽车可分为电动轿车、电动客车、电动货车和电动专用车(如电动环卫车、电动工程车、电动观光游览车等);根据车载储能装置不同,纯电动汽车可分为单能源电动汽车和多能源电动汽车,单能源电动汽车的车载储能装置一般采用可充电蓄电池或超级电容,多能源电动汽车采用多个储能装置,但其中有一个是蓄电池。

以动力源为划分依据,纯电动汽车主要包括以辅助电力源提供电力支撑的纯电动汽车和以蓄电池提供电力支撑的纯电动汽车。如果将单一的蓄电池安装到纯电动汽车中,蓄电池的功率和比能量无法满足汽车正常行驶的需求,则需要在蓄电池的基础上增加其他电力源作为辅助,比如太阳能、超级电容器及发电机组,从而增强电力,提高汽车的启动速度和续航里程。如果在纯电动汽车行驶中,只安装了纯蓄电池提供电力并可以满足汽车行驶的需求,则可以认为,该电动汽车的主要动力来源是纯蓄电池。

二、纯电动汽车的独特性质

与以燃油提供动力的汽车不同,纯电动汽车有很多优势。

第一是纯电动汽车结构较为简单,驾驶和维修比较便利。与燃油汽车相比,纯电动汽车拥有简单的结构,运转起来涉及的汽车部件较少,而且纯电动汽车一般使用交流感应电动机,这类电动机无须维护和保养,汽车的总体维修和保养工作也比较简单。除此之外,纯电动汽车驾驶起来操作简单。

第二是纯电动汽车的噪声较小,不会产生污染。以往的燃油汽车在行驶过程中容易产生废气,对环境造成污染,而纯电动汽车在行驶时零废气、无污染,有利于保障清新的空气和环境保护;在噪声的产生方面,由于纯电动汽车内部无内燃机,因此噪声较小。

第三是纯电动汽车的能源使用效率较高,其能源大多为可再生能源。如今,电动汽车的覆盖面越来越广,特别适用于城市中行驶速度较为缓慢的道路,能源的使用效率比燃油汽车更高。而且,当纯电动汽车处于停滞状态时,对电量的消耗为零,当纯电动汽车处于启动状态时,电动机将发挥发动机的作用,产生制动减速的能量。而且当人们给纯电动汽车充电时,电力资源拥有多样化的能源转化,比如天然气、太阳能、风力、煤炭、潮汐能和核能,都可以转化成电力成为蓄电池的重要支撑,降低了对石油资源的使用。从用电情况来看,避开用电高峰期在夜间为蓄电池充电,能够均衡电网负荷，节省费用和资源。

当然，纯电动汽车也有一定缺陷，其最大的问题在于行驶里程较短，使用动力要花费较高的成本。无论在我国还是全世界，纯电动汽车都是一个新兴产品，与内燃机汽车相比技术有待完善，特别是动力电车存在使用年限短、成本高的问题。如果纯电动汽车的电池拥有较小的储电能量，即使充满一次电所能行驶的路程也比较短，而且目前市场中的纯电动车定位较高。但是，要相信纯电动汽车技术将随着时间推移不断发展和完善。

三、纯电动汽车的结构模块

众所周知，车身、发动机以及电气、底盘四个重要部分组成了燃油汽车。纯电动汽车的结构稍有不同，由车载电源模块、辅助模块以及电动机驱动主模块等构成的电动机驱动和控制系统替代了发动机的作用。从汽车的整体结构而言，驱动力传动和电动机驱动、控制系统等共同构成了纯电动汽车，其中，驱动电动机代替了以往燃油汽车的发动机，动力电池组代替了油箱，电子输入装置代替了节气门。在纯电动汽车的整个系统中，最重要也是最核心的部分是电动机驱动与控制系统，这也是纯电动汽车和内燃机汽车之间最大的区别。除此之外，纯电动汽车与内燃机汽车也保持了许多相同之处。

（一）电动机驱动主模块

电动机驱动主模块是电动汽车的核心。电动机驱动主模块是将蓄电池中存储的电能进行高效转换，成为车轮的动能，主要分为车轮、中央控制单元、电动机、驱动控制器和机械传动装置等部分。当汽车处于减速制动的状态时，车轮中剩余的动能又能变成电能，存储到蓄电池中。

当驾驶人踩加速踏板和制动踏板时，中央控制单元立即将控制指令发送给驱动控制器，对电动机实施控制作用。在电动汽车的行驶过程中，电动机驱动系统发挥电能转化的功能，将蓄电池中存储的电量转化成推动车轮行驶的动能，在制动踏板和加速踏板的输入信号的基础上，中央控制单元将控制的指令发送给驱动控制器，从而让电动机实现加速、减速或者启动、停止等动作。同时，在车轮处于减速状态时，将车轮多余的动能向电能转化，存储到蓄电池中供下次使用。

纯电动汽车的驱动控制器和电动机必须一起使用才能发挥作用，驱动控制器接收到中央控制单元的指令后，依据电流反映的信号和电动机的运转速度，控制驱动转矩、旋转方向和电动机的速度。

纯电动汽车中的电动机扮演着重要角色，具有电动和发电的作用，当汽车处于下坡滑行和减速状态时，电动机发挥发电功能，作用于车轮行驶的动能，变成电能存储到蓄电池中；当汽车处于正常行驶时，电动机发挥电动作用，将蓄电池中存储的电能变成机械能驱动汽车行驶。

（二）车载电源模块

充电控制器和蓄电池电源及能量管理系统等零件构成了车载电源模块。其中，充电控制器的作用在于控制汽车中的电流，并根据需求将交流电转化为所需电压的直流电。蓄电池电源是纯电动汽车中的关键，为电动机供给源源不断的驱动电能。能量管理系统在纯电动汽车中的作用是管理电池，实时监控纯电动汽车中整组或单体的电池，对充电机产生控制作用，从而对蓄电池完成检测温度、巡检及充电等功能。锂离子蓄电池、镍镉电池、铅酸电池和镍氢电池都是纯电动汽车中经常使用的蓄电池电源。

（三）辅助模块

辅助模块由动力转向系统、辅助装置和辅助动力源及驾驶室显示操控台等部分构成，除了辅助动力源不变外，其他部分的零件都会根据车型的不同而有所差异。

驾驶室显示操控台与内燃机汽车驾驶室的仪表盘是同一个概念，但是，根据纯电动汽车驱动的控制需求，在功能上有所不同，一般使用液晶屏幕显示出各类指示信息。

辅助动力源包括两部分内容，分别是 DC/AC 功率转换器和辅助电源，主要是将 12V 或 24V 的直流低压电源作为动力电源提供给纯电动汽车中安装的辅助装置，这些辅助装置主要有照明、电动门窗、动力转向单元和空调、制动力调节控制系统。

纯电动汽车的辅助装置包含很多零件，主要有电动座椅调节器、照明系统、各类声光信号装置、刮水器、电动门窗、车载音箱设备、风窗除霜清洗剂、电控后视镜调节器和空调、电控玻璃升降器以及车身安全防护装置控制器等，这些辅助装置都对汽车的舒适性、安全性和操控便利性的提高产生一定作用，并可以根据不同车型自行选择。

（四）电池模块

纯电动汽车的主要动力来源是电池，这也是对纯电动汽车长远发展产生制约作用的重要原因，衡量电池性能的因素有很多，主要与比能量、循环寿命、比功率、能量密度等密切相关。要推动纯电动汽车持续发展，在与燃油汽车的市场竞争中占得更多优势，长使用寿命、高比能量和大比功率的电池是关键。当前，为电动机提供动力的电源有铅酸蓄电池、高能蓄电池、飞轮蓄电池和超级电容器等。

（五）电动机调速控制装置模块

改变纯电动汽车的速度和前进、后退的方向是安装电动机调速控制装置的主要原因，它的功能是控制电动机的电流或电压，从而控制电动机的旋转方向和驱动转矩。

纯电动汽车在诞生之初，往往通过改变电动机磁场线圈的匝数或者使用串接电阻等方式来实现直流电动机调节速度，但是这种调速有级别和档次之分，消耗的能量更多，也使电动机的结构更加复杂化，因此现在用得较少。晶闸管斩波调速的方法在如今的纯电动汽车上使用更多，它将电动机的端电压进行匀速改变从而控制电动机的电流，最终让电动机实现无级调速。但是，电子电力技术的发展进步和成熟使这种方法逐渐衰败，出现了其他电力晶闸管斩波调速装置。随着新型驱动电动机在纯电动汽车中的使用，直流逆变技术在电动汽车调速控制方面的作用将成为未来大势所趋。

具体来说，直流电动机对于控制和改变驱动电动机的方向上有重大的影响，以接触器为依据和基础改变电枢或磁场的电流方向，从而改变电动机的方向，这种方法将大大降低安全性，使控制电路复杂化。当交流异步电动机驱动应用到纯电动汽车中时，磁场三相电流的相序发生改变便可以变换电动机的转动方向，还有利于控制电路简单化。除此之外，在纯电动汽车中使用交流电动机和变频调速控制技术或系统，不仅有利于使控制电路简单化，还能提高电动汽车回收制动能量的效率。

（六）驱动电动机模块

在纯电动汽车中最关键的部分和零件是驱动系统和电动机，在一定程度上驱动电动机的性能对汽车的整体使用性能有较大影响，性能较好的驱动电动机具备高效率、强动态制动、高转速、宽调速范围、大启动转矩、重量轻、迅速回馈能量、体积小等方面的特点。如今，永磁同步电动机、开关磁阻电动机及三相异步电动机在电动汽车中使用较多。

信息技术的进步，推动电动机及驱动系统迅速发展，数字化和智能化的控制系统成为必然趋势。越来越多的技术应用于纯电动汽车的电动机控制系统中，特别是以模糊控制、自适应控制、专家控制和变结构控制以及神经网络、遗传算法等为代表的非线性智能控制技术。

（七）传动装置模块

纯电动汽车的传动装置功能在于，通过转矩作用，将汽车的驱动轴与电动机的驱动轮产生作用和关联。当汽车中安装了电动轮进行驱动时，以往汽车中使用传动装置的许多部件都无须安装和使用。由于电动机具有负载启动的功能，因此，以往内燃机汽车中常常使用到的离合器在电动汽车上也无须安装；由于电路控制可以转变驱动电动机的旋转方向，所以传统汽车中的倒挡装置也不需要安装在电动汽车中；由于电动机具有无级调速控制功能，因此以往汽车中的变速器在电动汽车中也无法发挥作用；由于电动汽车主要依靠电动轮驱动，所以在传统汽车中使用的差速器也不需要安装。

（八）行驶与转向装置模块

轮胎、悬架和车轮是行驶装置的主要构成部分，它的功能是驱动车轮行驶，具体来说是以车轮为"桥梁",实现汽车和地面的联动,将电动机的驱动作用于地面,让车轮动起来。

顾名思义,转向装置作用于汽车的转弯状态,主要包括转向轮、转向盘和转向机、转向机构等部分。转向装置产生的作用在于控制转向盘,让转向机构和转向机对转向轮发生作用,让它按照驾驶人的意向偏转,让汽车转动方向。目前来说,纯电动汽车的转向装置分为三种类型,分别是液压助力转向、机械转向和液压转向。此外,前轮转向是大多数纯电动汽车采用的转动方向的方式。

汽车的制动装置主要包括制动器和制动操控装置,功能让汽车停车或进行减速操作。制动装置是电动汽车和内燃机汽车都拥有的装置,不同的地方在于电动汽车还设置了电磁制动装置,让驱动电动机作用于控制电路,运转发电系统,使汽车处于减速制动状态时将多余的动力转化成电量存储到蓄电池中。

四、纯电动汽车的动力性能

纯电动汽车相对于传统汽车而言,保持了基本相同的动力性能,不同之处在于动力源的不同。燃油混合气体的燃烧来驱动汽车行驶是传统汽车的动力所在;纯电动汽车则不同,它通过蓄电池发电并带动驱动系统工作。在制动性能方面,纯电动汽车除了具有再生制动功能外,与内燃机的制动性能基本相同。

在行驶过程中,纯电动汽车电动机的电源来自蓄电池,纯电动汽车的机械装置内阻力的能源来自电动机的输出功率。汽车内机械装置的效率即为内阻力,行驶阻力则为外阻力。

(一)纯电动汽车的驱动力性能

纯电动汽车的电动机输出转矩 M 使驱动轮与地面间产生相互作用,从而地面给车轮一个反向的作用力 F_t,F_t 的方向与汽车的前进方向一致,因而 F_t 即为驱动力,所以有

$$M_t = M i_g i_0 \eta \tag{2-1}$$

$$F_t = \frac{M_t}{r} = \frac{M i_g i_0 \eta}{r} \tag{2-2}$$

式中,F_t 为驱动力;M 为电动机输出转矩;i_g 为减速器或者变速器传动比;i_0 为主减速器传动比;η 为电动汽车机械传动效率;r 为驱动轮半径。

(二)纯电动汽车的电动机转矩性能

汽车在各种行驶工况下行驶时所需要的转矩和功率是行驶速度的函数,取决于不同车速行驶时所遇到的行驶阻力。假设原动机在不同转速时的功率 P_M 保持不变,则

$$P_{\mathrm{M}} = \frac{Mn}{9549} \tag{2-3}$$

式中，n 为原动机转速；M 为原动机转矩；P_{M} 为原动机的输出功率。

五、纯电动汽车的驱动系统

电动机驱动系统的方式决定了纯电动汽车的驱动系统布置形式（图 2-2）。

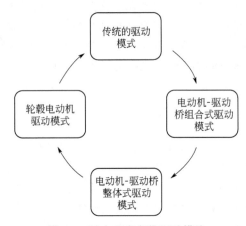

图 2-2　纯电动汽车的驱动模块

第一，传统的驱动模式。传统汽车驱动系统包括两个主要部分：一是变速器；二是离合器，并以电动机取代了发动机，是一种改造型的电动汽车。该方式有利于纯电动汽车启动转矩的提升，让汽车在低速行驶时也具有充足的功率。

第二，电动机-驱动桥组合式驱动模式。电动机-驱动桥组合式驱动模式布置方案主要是由减速差速机构取代了离合器和变速器，车轮转动的驱动由电动机进行。这一改变使得发动机中的动力传动装置得以沿用，并由一台电动机和逆变器就可以完成工作。该模式对电动机的启动转矩和后备功率都有较高要求，这样汽车才能在行驶过程中轻松地应对加速超车、爬坡和启动等需要。

第三，电动机-驱动桥整体式驱动模式。电动机-驱动桥整体式驱动模式布置方案则是在驱动轴上安装电动机，而且变速和差速的转变由电动机控制。这一改变需要具备较高装备的电动机，并且需要其具有较好的启动转矩和后备功率；能够进行较高精度的控制，系统可靠性和稳定性也非常重要，这样才能确保汽车安全行驶。

第四，轮毂电动机驱动模式。轮毂电动机驱动模式方案是直接在驱动轮上安装电动机，车轮行驶的动力直接来自电动机。

现在，国内的纯电动汽车一般都是改装车，这是具有高综合程度的机电一体化尝试。而且这一尝试并非将电动机和蓄电池取代内燃机汽车的发动机和油箱就能完成，还要科学合理地配备电动机、减速器、控制系统以及蓄电池等，并确保各个设备能够可靠连接和合理分配轴荷才能得以实现。

六、纯电动汽车的指标分析

（一）比功率指标

比功率（单位为 kW/kg）是衡量汽车动力性能的一个综合指标，具体是指汽车发动机最大功率与汽车总质量之比。一般来讲，对同类型汽车而言，比功率越大，汽车的动力性越好。汽车的动力性是由汽车的驱动功率和行驶阻力决定的。发动机的输出功率通过传动系统推动汽车前进，扣除传动损失，即为驱动功率。汽车在行驶时，其驱动功率等于阻力功率。汽车的阻力功率随车辆总重和车速的增加而增大，汽车的动力性基本取决于比功率。因为最大功率出现在发动机达到最高转速时，所以比功率就是汽车最高车速的决定因素。

（二）比能量指标

比能量指的是单位质量或单位体积的能量。比能量的单位为 W·h/kg 或 W·h/L。例如，5 号镍镉蓄电池的额定电压为 1.2V，其容量为 800mA·h，则其能量为 0.96W·h（1.2V×0.8A·h）。同样尺寸的 5 号锂-二氧化锰蓄电池的额定电压为 3V，其容量为 1200mA·h，则其能量为 3.6W·h。这两种蓄电池的体积是相同的，但是锂-二氧化锰蓄电池的比能量是镍镉蓄电池的 3.75 倍。

七、纯电动汽车的技术分析

（一）纯电动汽车的核心技术

发展纯电动汽车必须解决好其核心技术，即车载电源、电池管理系统、电动机驱动及其控制技术、纯电动汽车整车技术及安全保护系统（图 2-3），其他关键技术还有电动机额定转速及最高转速的选择、电动机额定电压的选择、电动汽车传动系统的参数匹配和辅助系统的主要结构。

1. 车载电源

历经多年的发展，纯电动汽车的车载电源有了质的飞跃。铅酸电池属于第一代产品，它的优势在于具有成熟的技术和低廉的成本，缺点在于没有较好的比能量和比功率，因此不能用于纯电动汽车上。相对来说，铅酸蓄电池和阀控铅酸电池具有更高的比能量。高能电池属于第二代产品，种类包括钠硫（Na/S）、镍-氢（Ni-MH）、镍-镉（Ni-Cd）、锌空气（Zn/Air）、锂离子（Li-ion）等。相对铅酸电池来说，它们都具有更高的比能量和比功率，对于增强纯电动汽车的动力性能和续驶里程都有积极作用。然而，其不足在于造价较高，并要有严格的温度控制系统和电池管理系统予以维护，同时对充电技术的要求也各不一样，高能电池中含有的活性物质随着使用时限会出现老化和功能降低等现象，最终只能报废，这也是造成纯电动汽车高昂造价的原因之一。飞轮蓄电池和超级电容器是第三代产品，飞轮蓄电池的工作原理是将机械能转换成化学能再进行机械能转换，而超级电容器则是将电能转换成电位能再转换成电能的一个过程，两种电池的转换能力都比较强，并具有快速的充电和放电优势，不过现在来说还在研发当中，很多关键技术还有待研发。

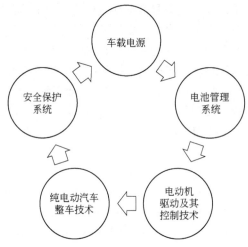

图 2-3　纯电动汽车的核心技术

动力电池提供 150～180kV 的高压直流电使电动机工作，也是空调系统、制动系统和转向系统工作的电源。动力电池组通过 DC/DC 转换器供应 12V 或 24V 电源，并储存到低压电池组作为仪表、照明和信号的工作电源。

2. 电池管理系统

对电压、放电深度、再生制动反馈电流、电池温度、动力电池组充放电时的电流等进行控制的工作由电池管理系统完成。而且整个电池组的工作性能受到各个电池性能的影响，因此监控好每个电池将有利于整个电池组的管理，并有利于体现统一性。动力电池组的充电具有周期性，因此纯电动汽车的辅助设备中必然包括高效率和高速度的充电设备，这样就能进行多种途径的充电，如充电器充电、车载充电及接触式充电等。

3. 电动机驱动及其控制技术

纯电动汽车的关键组成部分之一就是驱动电动机和驱动系统。纯电动汽车节能的一个主要原因就是利用了再生制动，这能使能量回收达到 10%～15%，有效地增加了电动汽车的续驶里程。纯电动汽车中也包括 ABS 制动系统和常规制动系统，因此能满足紧急制动需求。

管理动力电池组和控制电动机是纯电动汽车管理系统的主要功能，具体来说包括：通过转换制动踏板和加速踏板的机械位移行程量并形成电信号，进行中央控制器的输入,利用动力控制模块来驱动电动机;计算动力电池组的剩余电量和剩余续驶里程;控制整个低压电子电气装置;自动诊断传感器和报警装置,监控整个动力电池组和驱动电动机系统的运行,及时进行警示和信息反馈等。

4. 纯电动汽车整车技术

纯电动汽车是一种综合性很强的高科技产品,其高科技含量不仅体现在电池和电动机上,同时在车体本身上也有所体现,并易于实现。汽车车身采用轻质材料有效减轻了车身重量;汽车在下坡、制动时能够进行能量回收;轮胎采用高弹性材料能够有效减少车身阻力;通过流线型的汽车车身设计也减少了空气阻力等。

5. 安全保护系统

动力电池组具有高压直流电,必须设置安全保护装置,确保乘员、驾驶员和维修人员的安全;必须配备故障自诊断系统和故障报警系统;在电气系统发生故障时,自动控制电动汽车,以防止事故的发生。

(二)纯电动汽车电动机控制技术

纯电动汽车是利用电动机将电能转换为机械能来实现驱动的。电动机的种类有很多,对于不同的电动机,采用的控制理论不同,控制方法也不同,但都是控制电动机的转速与旋转方向。电动机控制主要采用脉冲宽度调节(PWM)、变频变压调节(VVVF)、矢量控制调节(VC)等方法来实现(图2-4)。

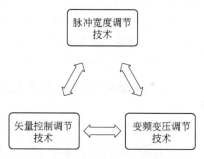

图2-4 纯电动汽车电动机控制技术

1. 脉冲宽度调节技术

不但三相交流感应电动机采用脉冲宽度调节(PWM),大功率直流电动机也利用脉宽调制法(改变通电时间的占空比)来调整功率,做到无极调整功率。脉冲宽度调节是利用微处理器的数字输出对模拟电路进行控制的一种非常有效的技术,广泛应用在从测量、通信到功率控制与变换的许多领域中。

脉冲宽度调节是一种模拟控制方式,其根据相应载荷的变化来调节晶体管基极或MOS管栅极的偏置,实现晶体管或MOS管导通时间的改变,从而实现开关稳压电源输出的改变。PWM控制技术以其控制简单、灵活和动态响应好的优点而成为电力电子技术最广泛应用的控制方式。

2. 变频变压调节技术

为了实现异步电动机的变频变压调节,必须有能够同时控制电压幅值和频率的交流电源,即变频变压器,又称为VVVF(Variable Voltage Variable Frequency)装置。

3. 矢量控制调节技术

将交流电动机等效成直流电动机并分别控制速度和磁场是矢量控制调节的本质

所在。转矩和磁场两个分量的控制是通过控制转子磁链、分解电子电流来实现的。

(三) 纯电动汽车能量管理技术

纯电动汽车的储能动力源来自蓄电池。只有具备高效的比能量、较长使用寿命和较大比功率的蓄电池才能满足电动汽车的动力需要。良好地、系统性地对蓄电池进行管理是确保纯电动汽车良好工作性能的前提和基础。

纯电动汽车的智能核心是能量管理系统。良好的力学性能、适当的能量源、电驱动性能以及协调的能量管理系统是一辆良好的纯电动汽车不可或缺的条件。能量管理系统可以对每个电池和电池组的荷电状态进行检测，及时地对各种传感信息进行反映并做出相应指令，以确保车载能量的合理利用。除此以外，它还可以通过电池组的放电历史、使用情况等选择最佳充电方式，这有利于延长电池的使用寿命。

全球的汽车制造商对研究和开发电动汽车车载电池能量管理系统问题都倾注了大量心力。纯电动汽车行驶中需要重点关注电池的电能储备，可以行驶多少千米等问题，而这也正是纯电动汽车能量管理系统的主要功能。纯电动汽车车载能量管理系统的利用能够有效提升纯电动汽车的电能储存系统的合理设计，并确定最佳能量存储和管理结构，对于纯电动汽车整体性能的提升也非常有利。

如何做好每块电池电压、充放电电流的历史数据和温度的采集，并依次确定每块电池剩余能量，也是纯电动汽车能量管理的核心技术问题。

八、纯电动汽车的充电技术

(一) 纯电动汽车的充电要求

随着纯电动汽车技术的不断进步及逐步向产业化和实用化推进，纯电动汽车对充电要求也不断提高，主要体现在以下方面（图2-5）。

(1) 充电的快速化 当前动力电池的比能量等性能指标还不够理想，纯电动汽车还存在充电一次的行驶里程非常有限等问题。因此，在这种条件的限制下，就应该将重心放在如何减少电池充电时间上，这也能缓解纯电动汽车续驶里程的问题。

(2) 充电的通用化 目前，市场上存在着各种类型和电压等级的动力电池，因此满足各种类型和电压等级充电需求也是公共场所充电装置所必须具备的，具体来说，就是需要具备广泛适用性。为此，电动汽车商业化的起步阶段，应该对公共场所充电装置进

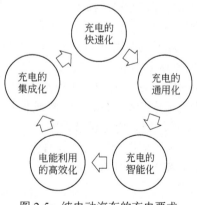

图2-5 纯电动汽车的充电要求

行相关政策约定，使其能够和电动汽车的充电规范、充电接口相一致。

（3）**充电的智能化** 纯电动汽车的推广和普及会受到电池性能和应用水平等因素的制约。监控电池的无损充电和电池放电状态也是充电智能化的重要目标之一，如此才能确保电池不会出现过充和放电等状况，并确保电池使用寿命的延长，以及不造成电能浪费等。智能化的充电分为两种：一是智能化的充电机；二是充电站。同时，也要提升电池电量计算、管理和监测的智能化水平。

（4）**电能利用的高效化** 纯电动汽车的能耗指标由其运行成本决定。为了更好地推广、普及纯电动汽车，就应该致力于纯电动汽车运行能耗的降低技术研发上。只有不断提升充电装置的转换效率和降低成本，才能让纯电动汽车得以不断普及。

（5）**充电的集成化** 纯电动汽车充电系统的发展必然向着更高的可靠性、稳定性、小型化和多功能化方向发展，为此，需要更加具有综合性的能量管理系统来为此服务，这样才能确保纯电动汽车的其他部件有足够的安装控件。当然，高集成化的充电系统还能节省场地，提升充电站的充电服务效率等。

（二）纯电动汽车蓄电池的充电方法

纯电动汽车蓄电池充电方法包括以下两种。

1. 常规充电

（1）**恒流充电法** 确保充电过程中保持一个较小恒定值的充电电流方法称为恒流充电法。这种方法为了确保充电过程中电流的恒定而采用了充电装置输出电压的调整，以及改变蓄电池串联电阻方式两种方法来予以实现。它较容易操作和控制，不过由于充电后期的电流会逐渐减少，从而导致其化学能的转换无法及时完成，造成热能浪费等。它的优势在于可以充分利用电池容量，延长电池使用寿命，但是需要较长的充电时间也是不利的一面。

（2）**恒压充电法** 确保在充电过程中电压不变的充电方法称为恒压充电法。充电初始，会有较大的电流通过，随着充电时间加长，充电电流逐渐减小，会导致电池充电不足等情况，长时间使用后会影响电池的寿命。因此，这种方法并没有普遍采用，而会进行一些调整，如在充电前期采用较低电压，到充电后期则改用规定电压等。恒压充电具有可以缩短充电时间的优势，但是会造成电池充电不足、损耗电池的使用寿命等。

（3）**阶段充电法** 将恒流充电方法和恒压充电方法结合起来则形成了阶段充电法，其主要具有三种形式：一是先恒流后恒压充电；二是多段恒流充电；三是先恒流再恒压再恒流的充电方法。先恒流再恒压是最普遍采用的充电方法。

2. 快速充电

（1）**电池可接受的充电电流** 在充电时电池能够承受的最大电流称为电池充电的可接受电流。在不超过这一指标的情况下，想要更快速地充电，就需要加大充电电流。当然不能超过这一指标，否则将出现过充现象，造成电能的大量损耗，不利于充电速率提升，而且会影响电池的使用寿命。

随着充电的进行，电池可接受的充电电流会发生变化。电池可接受的充电电流的定律，即

$$i = I_0 e^{-at} \qquad (2\text{-}4)$$

式中，i 为 t 时刻可接受的充电电流；I_0 为刚开始充电时可接受的充电电流；a 为与电池物理、化学性能相关的衰减常数。

式（2-4）表明，可接受的充电电流是按指数规律而逐渐衰减的。为了避免电池的过充，充电时应避免充电电流超过当时的可接受电流。

（2）常用快速充电方法　缩短电池的充电时间是提高电动汽车使用方便性的重要一环，通过改进电池结构以降低内阻，提高反应离子的扩散速率，可以缩短电池的充电时间。此外，人们也一直在研究快速充电的方法。快速充电的本质是通过提高充电电流或充电电压来加快电池的化学反应速率，以提高充电的速度。但是，快速充电的速度是有上限的，过高的充电速度会造成电池内部压力上升、温度上升、电池内阻增加等现象，这不仅缩短电池寿命，也使电池容量下降。因此，快速充电的策略是在整个充电过程中，充电电流不超过可接受的充电电流但又尽可能接近它。

目前常用的快速充电方法有脉冲快速充电法、变电流快速充电法、变电压快速充电法等。

① 脉冲快速充电法。在电池充电过程中，采用脉冲电流充电直至充电结束的方法称为脉冲快速充电。它是利用减轻和消除相邻充电脉冲之间的电池浓差极化和欧姆极化而促进下一个脉冲顺利充电的原理，来促进提升电池的充电电量。由于充电间歇的存在，为电池的化学反应提供了时间，从而提升电池的充电电流接受率。除此以外，还可以在两个正向充电脉冲之间进行一个负向充电脉冲的设置，有利于消除和减少极化，从而提升电池的充电率。

② 变电流快速充电法。变电流快速充电以恒流充电和脉冲充电为前提，这种方法在充电初始采用恒流充电，随着电流不断减小，为了消除极化带来的影响而进行充电间歇的设置。而且这一阶段的充电电流较大，这样可以保证电池的快速充电。快要完成充电时，则转变成恒电压充电方法，确保电池的充电完成。

③ 变电压快速充电法。采用变电压快速充电法，在充电前期利用了恒电压脉冲充电的方法，并确保了充电脉冲之间足够的充电间歇。与变电流快速充电方法比较起来，这种方法的各个阶段的充电电流下降具有一定规律性，这样也正好和可充电电流在各个充电阶段会不断下降的特点不谋而合。若可以在充电各个阶段设置合理的电压，将会使充电过程中通过的充电电流和电池可接受的充电电流相一致，有利于充电速度的提升。

（三）纯电动汽车充电机充电方法

对于一辆纯电动汽车，充电机是不可缺少的装置，它的功能是将电网电能转化为车载电池的化学能。

1. 充电机的类型划分

纯电动汽车充电机有不同的分类方法，具体如下。

(1) 按充电机安装位置分类　充电机按其安装位置可分为车载充电机和非车载充电机。

① 车载充电机。车载充电机是指安装在纯电动汽车上的充电机，电压升降装置和整流装置安装在车内，充电时只要有合适的电压和匹配的插件即可。由于纯电动汽车总重量和布置空间的限制，车载充电机一般设计得体积小、重量轻，并便于利用内部线路与电池管理系统进行通信。这种充电机的充电方式（电压、电流和控制方式）是预先定义好的，不能改变，并且充电电流小，充电时间长。

② 非车载充电机。非车载充电机指的是固定安装在电动汽车外并与交流电网连接，为电动汽车动力电池提供直流电能的充电机。非车载充电机可以像公共加油站一样设计成公共充电站形式，布置在合适的路口、道旁，也可以设计成家用充电站，布置在车库内。前者不受重量和体积的限制，充电功率大，充电时间短；后者受使用空间限制，充电功率小，充电时间长，但使用方便。非车载充电机按结构可分为一体式直流充电机和分体式直流充电机两种。

a. 一体式直流充电机。一体式直流充电机是在同一箱体内同时设置了直流充电模块和充电操作终端，在较好环境下的集中式布置场所中比较适用。它的安装较为简单，与分体式不同的是，它能有效地提升充电模块机柜的空间利用，不过若是在户外条件下使用，则需要较高的防护措施。具备充足的防护措施也是不够的，因为其充电机本体的散热问题也不能忽视，会导致电池使用寿命的缩减。

b. 分体式直流充电机。分体式直流充电机则是分别独立地设置了直流充电模块和充电操作终端，一般来说会在配电室内（即户内）设置充电机柜，在充电车位旁设置充电操作终端。这样可以提升并联功率输出，为充电模块的扩展提供了条件，且与现在的纯电动汽车电池发展水准相吻合。

(2) 按能量转换方式分类　充电机按能量转换方式可分为接触式充电机和感应式充电机。

① 接触式充电机。接触式充电机将交流电经过整流器转换为直流电，然后向电动汽车的动力电池直接充电，它有类似于一般电源和用电设备间的有线连接关系，将一根带插头的电缆线插到电动汽车的插座。接触式充电机技术成熟，结构简单，使用方便，价格便宜，但安全性和通用性存在一定的限制。为了使它满足严格的安全充电标准，必须在电路上采用许多措施，使充电设备能够在各种环境下安全充电。

② 感应式充电机。感应式充电机采用的是感应充电技术，通过非接触的方式进行能量传输。它利用电磁感应原理实现电能的短距离传输，一次线圈输入一定频率的交流电，通过电磁感应在二次线圈中产生一定的电流，从而将能量从输入端转移到接收端。电动汽车感应式充电机的一次线圈安装在地面上，二次线圈安装在电动汽车上，当电动汽车行驶到地面一次线圈装置上时，二次线圈产生感应电流，经整流后即可对电池进行充电。

感应式充电机在工作时，电源部分与用电装置之间不存在电线的连接，可以有效地减少接触火花和机械磨损等造成的危害，即使在极端的工作条件下，如雨雪天等场合，给电池充电也不会发生触电的危险，提高了充电的安全性。其不足之处是目前技术不够成熟，输出功率不大，传输距离较短（多在毫米级），成本高。

2．充电机的机构组成

高频开关电源模块、监控单元以及人机操作界面是充电机不可或缺的三个组成要素。

（1）高频开关电源模块　由交流电源转变成直流电源是高频开关电源模块的主要作用，一般采用的方式是脉冲宽度调节。它的组成部分包括高频变换、高频变压器、全波整流、高频整流滤波器等。

监控功能是每个高频开关电源模块必须具备的，它能显示输出电压/电流值，并监控单元故障和工作中断，确保模块顺利运行。工作状态下，模块还可以保持和直流充电机监控单元的联系，接收和执行监控单元的指令等。

高频开关电源模块可以实现的功能比较齐全，如可以进行交流输入缺项报警、直流输出过电流保护、限流和短路保护、模块过热保护、模块故障报警以及交流输入欠电压报警等。

高频开关电源模块还具有带电插拔更换和软启动功能，以防开机电压冲击。

（2）监控单元　监控单元应具有完善的监控功能，具体如下。

① 模拟量测量显示功能。可以对充电机交流输入电压、每个高频电模块输出电流以及充电机输出电压/电流等进行测量和显示等。

② 控制功能。监控单元需要和各种充电机的各种运行方式相适应，从而控制充电机的恒流限压充电、恒压充电和停止充电运行状态等。

③ 警告功能。若出现异常的充电机交流输入，或出现直流输出过/欠压、电源模块故障，充电机故障，以及充电机监控单元和充电站监控系统出现信号中断等情况时，需要采用硬接点形式来与监控系统进行通信。

④ 事件记录功能。这种功能需要记录充电机警告、充电的开始时间和结束时间等事项，并为充电过程提供掉电保护。

（3）人机操作界面　人机操作界面功能包括充电设定和显示输出两大类，具体如下。

首先可以设置自动设定和手动设定两种充电方式。自动设定方式中，整个充电过程中会自动地对电池的充电参数进行调整，并相应地执行各项指令，以便充电顺利进行；手动设定方式则需要人为设定和调整充电方式、充电电流及充电电压等各种参数，在调整和设定时要以电动汽车蓄电池管理单元许可范围和设定参数为依据。

其次可以通过显示输出功能对充电功率、充电电流、充电时间、电能量计量、计费信息以及电池类型等进行显示，手动设定中可以对信息进行手动输入，从而会在故障状态下进行信息提示，并显示电池的最高温度和最低温度等。

（四）纯电动汽车的其他充电设施

1. 充电模式

目前纯电动汽车主要包括三种充电方式，即慢充、快充以及换电池。

（1）慢充方式　它在充电过程中的电流较小，一般需要 6～10h 才能充满，不过可以有效提升电池的使用时间，且充电机的安装成本相对较低。可以将慢充的时间安排在晚上，这对于降低充电成本来说也比较合适，不过在紧急使用的情况下，不太适合采用这种方式充电。通常来说，220V/16A 单相交流电源就可以满足慢充的需求，因此可以车载充电机来完成充电，标准三口插座即可满足要求，因此不会有接口匹配问题的存在。

慢充是最基本的充电方式，适用于设计的续驶里程较大、可满足一天的行驶需要并利用晚间停车时间来充电的车辆。在现阶段技术条件下，电动汽车的续驶里程约为 200km，私家车、市内环卫车、工程车、公务车、企业商务车等车辆日均行驶里程基本上在续驶里程范围内，可采用慢充的方式。

慢充方式由于充电电流小，充电条件易于满足，因此只需提供普通市电或较小电流的直流电即可，可在充电站、停车场、路边充电桩和家庭车库进行充电。

（2）快充方式　快充方式以较大直流电流对车载电池提供短时充电（20～60min），一般充电电流为 150～400A。快充方式充电时间短，在十几分钟内就可充 70%～80% 的电量，比较适合紧急情况下的充电需求。不过快充方式也有不足之处，主要表现在会缩短电池的使用寿命，而且需要具有较高的技术安全性才能应对充电时较大电流通过的安全保障，从而造成充电机具有较高的安装成本和较低的充电效率。现在市场上还未统一规定快充的电流值、控制协议、电压值和插口针脚定义等值，一般都是由企业自定未统一规定的各项指标。

快充方式适用于日平均行驶里程大于最大续驶里程，需要在运行间隙进行快速补充电来满足行驶需要的车辆，公交车和出租车是典型的使用车型。快充方式由于充电电流大，对公用电网会产生负面影响，因而一般在充电站中进行。

（3）换电池方式　换电池方式是通过直接更换车载电池的方式补充电能。换电池方式的优点为：操作时间短，仅需几分钟；并可以将电池从整车中独立出来，由此适合采用租赁的方式，有利于降低车辆成本；专业服务机构来运营，这对电池性能的提升和回收废旧电池来说都具有积极意义；充电可选择在用电低谷时段进行，从而有利于降低运行成本；从能源利用的角度来说，很好地响应了错峰填谷的政策要求。

换电池方式会造成电站建设成本的增加，这也是其不足之处。现在对于动力电池的标准化、模块化和电池安装位置的标准化还没有硬性规定，这也造成了各种各样的电池规格的存在，并与电池租赁、计量更换及充电配送等环节环环相扣，需要更多企业的参与才能完成。

换电池方式适用于每天运行时间长、行驶路程长的车辆，如公交车、出租车及各类社会运营车辆。换电池方式只能在专业的换电站进行。

2. 充电设施

根据纯电动汽车充电方式的不同，充电设施可以分为充电桩、充电站和换电站三种类型。以下主要分析充电桩和充电站。

（1）充电桩

① 充电桩的组成与分类。充电桩是充电机为纯电动汽车充电的终端辅助设备，具有占地面积较小、布点灵活的特点。它提供充电接口、人机接口等功能，并对电动汽车的充电进行控制，实现充电开（停）机、通信、计费等功能。充电桩由桩体、电气模块、计量模块等部分组成。

按照输出电流的类型，充电桩包括以下两类：一是直流充电桩，它是一种和交流电网连接并固定安装的一种充电设备，它能满足电动汽车的小功率直流电源的充电需要，它能够和充电机交互，运行充电机的各项指令；二是交流充电桩，它是为电动汽车车载充电机充电的一种装置。

按照安装位置不同，充电桩分为室内充电桩和室外充电桩。室内充电桩应根据现场的情况选用落地式或壁挂式。落地式充电桩采用电缆下进线方式；壁挂式充电桩既可采用电缆下进线方式，也可采用电缆侧进线方式；室外充电桩采用电缆下进线方式。

② 充电桩的设置。为了加快普及纯电动汽车，满足其使用要求，必须设置一定数量的充电桩，便于车辆的能量补充。在新建建筑物、居住小区等场所配建停车场及社会公共停车场，可设置供纯电动汽车停放的专用停车区并配置一定数量的充电桩；对于已建的飞机场、火车站、酒店、医院、商场、超市、会议中心和旅游胜地等地点的公用停车场，也可通过技术改造措施，设置电动汽车专用停车区；另外，办公、生产等场所的停车场可按照停车位数量设置一定比例的充电桩。

充电桩需要符合以下条件才能设置：和邻近的配电站距离不能太远；遵守"一位一桩"的原则，要确保每个停车位上都配备一个充电桩，以加强管理效率；应该以组为单位进行设置，这样有利于提升利用率；至少要距离地面200mm进行安装，并在底座周围进行封闭围护，确保箱体内没有小动物进入，同时也要达到防积水和防雨等要求；其外壳材料要具有一定绝缘性，防止漏电现象的发生。

（2）充电站

① 充电站的组成与功能。充电站对电动汽车充电既可以是快充，也可以是慢充。配电设施、监控系统、安全防护设施、充电机及其他配套设施都是充电站的必备设备，营业场所是公共充电站必备的。通常情况下，供配电设施包括变压器、低压开关柜、控制线路以及高压开关柜等；充电机要设置不同规格的接口，才能连接电动汽车并为其充电；监控系统主要用于监控充电机和配电设备，同时还应该监控站内视频监控、火灾以及其他设备等。

供配电、充电、充电过程和配电设备监控、站内设备管理、通信以及实现各种扩展功能等都属于充电站的基本功能。

充电站一般包括两种：一是公共充电站，主要用于社会上的纯电动汽车的充电；

二是专用充电站,主要供特定范围内的纯电动汽车充电。

② 充电站的布置。为纯电动汽车出入和充电停放提供便利并确保设施及人员安全是充电站总体布置时需要遵循的首要原则。具体来说,满足以下要求才能进行设置:要保证充电区有两条车道可以连接到站外道路,并设置缓冲地带和缓冲距离,这样才能便于纯电动汽车的出入;充电区要保持大于 3.5m 的单车道宽度和不小于 6m 的双车道宽度;转弯半径不能低于 9m,不能设置大于 6% 的道路坡度;充电设备需要和充电区停车位设置在一起,并且在充电时不能对其他充电车辆的出入产生影响;此外还要有必要的防积水措施,确保站内人员和设备的安全。

安全、可靠及适用是充电站电气设备布置的首要原则,同时要考虑安装、操作、检修、试验以及搬运的便利性。具体来说,包括以下几点:应该在建筑物首层布置监控室、营业厅、高压开关柜、变压器、低压开关柜和充电机等;要为高压开关柜、低压开关柜、充电机和监控装置设备设置功能房间,这样才能让电气设备的运行、维护和管理更加高效;若低压开关柜大于 6m 的长度时,需要进行两个出口通道的设置。若是两个出口达到了 15m 以上距离时,应该相应地增加出口数量;在条件有限的情况下,也不能在同一个房间同时放置低压开关柜和充电机,并要选用干式的变压器。此外,在户外进行变配电的设施,以及设置充电机的成套配电站时,要抬高基础,达到更好的防水和通风效果;不能在监控室邻近或正下方设置变压器室,这样才能不被电磁干扰。

③ 充电站的选址。中低压配电网的核心部分包括了充电站,为此满足电网规划也是充电站选址的一个重要原则。同时,还要考虑电力平衡和供电可靠性等因素,在选址过程中一定要遵循合理科学的原则,不能盲目进行。

具体来说,需要满足以下条件才能进行充电站设置:邻近可以获得供电电源,有便于进出的供电电源线路;车辆出入都较为便利,而且不能邻近主干道或交叉路口;公共充电站的进出口应该连接站外道路,并和市政道路保持一距离,这样电动汽车在等候充电时,才不会造成拥堵;若是有较多的专用纯电动汽车,则要考虑进行专用充电站的设置;公交汽车枢纽站、公交专用停车场附近都较适合进行充电站的设置,同时还要达到道路、交通、给排水、消防等要求才能设置充电站;保持充电站和其他建筑物之间的安全距离。以下几种情况下都不适宜作为充电站的选址:有爆炸危险物的周边;温度过高、震动剧烈、灰尘过多、有腐蚀性气体的场所;厕所、浴室的正下方等;当然,较易积水或者发生次生灾害的地点也不适宜作为充电站的设置地点。

第三节　混合动力汽车及其插电式的构成

能量和动力的传递同时具有以下特点的车辆定义为混合动力电动汽车(HEV),简称为混合动力汽车:第一,传递到驱动轮用于驱动车辆的能量至少来自两种不同的能量转换装置（内燃机、燃气涡轮机、斯特林发动机、液压马达、电动机等），其中有一个为电动机；第二，能量转换装置可从至少两种能量储能装置（油箱、蓄电池、超级电容、飞轮、储氢罐等）获取输入能量，其中至少有一种能量储能装置提供的是电能；第三，能量储能装置也可以吸收电能。应注意的是，传统车辆的内燃机也配有一个由蓄电池供电的启动电动机，但不能将其称为混合动力汽车，这是因为启动电动机只是起到启动发动机的作用，并不能提供驱动动力，而且它的功率比内燃机的功率小得多。

目前，最常见的混合动力汽车是同时带有内燃机和电动机两种能量转换装置的车辆，俗称油-电混合动力汽车。这类车辆的储能装置其中一个是汽油或柴油油箱，为汽油机或柴油机提供能量；另一个是能够充电的储能装置，可以是蓄电池、超级电容、飞轮储能装置等，它们为电动机提供电能来驱动车辆，在必要时还可以吸收发动机多余能量和制动能量转换过来的电能。

一、混合动力汽车的节油方式

混合动力汽车节油效果比较好，节油方式主要有以下几种。

① 通常所用的电动机会有怠速的情况，混合动力汽车可以解决此种问题，即使是暂时性的停车也可以将发动机关闭，且不会影响再次启动行驶。之所以如此，是因为混合动力汽车在启动发动机时充分利用了电动机。

② 制动功能良好。在制动过程中回收能量主要利用了发电机的发电功能，区别于传统机械汽车中的热量散发，整体节油效果更加明显。

③ 其设计过程中体积更小，且整体行驶过程中更加稳定，发动机运行效率更高，在特殊路况提供动力时，电动机会发挥作用。

二、混合动力汽车的主要优势

① 混合动力汽车和纯电动汽车对比，其主要具有以下几种优势：首先混合动力汽车的电池容量更小，整体车身更加灵巧，且在设计时成本更低；其次，混合动力汽车整体的动力提供更高，与内燃机汽车的整体动力差别不大；最后，纯电动汽车由于电能提供动力，因此需要相应的充电桩，而混合动力汽车则避免了此类问题，减少了日常的充电时间。

② 混合动力汽车和传统内燃机汽车对比也有很多的优势体现，比如，发动机运行更加稳定且功率更高，在一定程度上可以通过减少振动来降低噪声，减少污染，同时因其运行稳定还可以在一定程度上降低能耗；混合动力汽车可以转化成纯电动汽车行驶，实现零排放，进一步降低环境污染；混合动力汽车在一定程度上可以将制动过程中的能量进行收集，降低环境污染。

因此，混合动力汽车对比纯电动汽车和传统内燃机汽车有很多优势，在解决存在的问题的同时，可以被广泛应用。

三、混合动力汽车的基本结构

（一）混合动力汽车的动力组件构成

混合动力汽车的动力组件构成如图 2-6 所示。

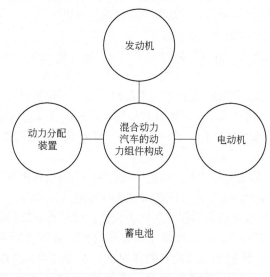

图 2-6　混合动力汽车的动力组件构成

（1）**发动机**　常见的发动机主要有以下几种：四冲程内燃机、二冲程内燃机、转子发动机、燃气轮机和斯特林发动机，混合动力汽车在行驶过程中均会用到上述发动机，根据不同汽车需求选择更具优势的发动机，满足不同客户的需求，不同混合动力系统均有各自的优势与特点。

（2）**电动机**　对于混合动力汽车，在选择电动机时也有很多种情况，比如开关磁阻电动机、永磁同步电动机以及直流、交流电动机等。当然，随着科技的发展，混合动力汽车的普及率越来越高，技术也在不断发展。目前来说，直流电动机逐渐被市场淘汰，永磁同步电动机和交流电动机逐渐占领市场，被广大消费者接受。当然在选择混合动力汽车电动机时，特种电动机也是非常好的选择，优势也非常明显。

（3）**蓄电池**　混合动力汽车蓄电池的种类也非常多，比如燃料蓄电池、超级电容等。对于混合动力汽车来说，蓄电池主要起辅助作用，想要其工作，需要启动汽车中的发动机。

（4）**动力分配装置**　混合动力汽车系统多为混联或并联，此时机械动力分配起着非常重要的作用，甚至影响着混合动力汽车的整体控制，这也是需要逐步攻克的难点。当前混合动力汽车的动力分配装置主要采用双桥动力复合式或速度复合式等。

（二）混合动力汽车的智能控制系统

发动机与混合动力系统中的电子控制单元相对独立，分别通过不同的控制软件来进行操作，将两个部分共同放置到混合动力汽车车身中，保证混合动力汽车正常运行。两部分连接主要通过控制器局域网总线来达到信息统一。发动机在混合动力系统的基础上进行工作，如果混合动力系统停止工作，发动机工作也会停止。混合动力汽车的控制系统有很多功能，从以下功能进行分析。

① 混合动力汽车的动力性能更好。

② 电动机的辅助作用通过智能控制系统可以更好地发挥，同时降低能耗，进一步节省能源。

③ 可以进行多能源控制。混合动力汽车可以实现内燃机驱动系统和电动机驱动系统同时进行控制，通过两者之间的合理配置和组合，可以达到最佳的行驶状态。

④ 混合动力汽车非常环保，其污染标准一直处于"超低污染"，对环境的影响较小。

⑤ 混合动力汽车虽然在动力方面处于混合状态，但是其操作装置和操作方法与传统内燃机汽车并无太大差别，适应起来也非常方便。

混合动力汽车不仅可以有效保证其动力性能，同时发动机的动力性能不会忽高忽低，一直处于适中状态，有效保证车辆正常行驶。这种性能可以有效保证车辆的正常行驶，在降低环境污染及能耗的情况下，其整体动力性能并不会比内燃机汽车差。因此，在进行发动机选择的时候需要对其进行优化，将其动力输出效率调至最佳。

（三）混合动力汽车的阿特金森循环发动机

热力发动机在混合动力汽车中还被叫做混合动力单元。混合动力汽车主要分为并联式和串联式两种。并联式混合动力单元在进行运作的过程中主要通过转动轴来驱动，当然电动机也会发挥其作用，也正因为如此，在发动机设计时混合动力单元的效率更高，且发动机所占体积也更小。串联式混合动力汽车中的混合动力单元主要是通过电能进行能量传输，因此其发动机也具有高效的特性，这主要是因为发动机在汽车行驶的过程中不运动，此类型的发动机有很多，以下主要对阿特金森循环发动机进行研究与分析。

阿特金森循环属于内燃机形式的一种，此类型发动机在运行过程中效率更高，目前市场中的很多混合动力汽车均在使用阿特金森循环发动机。阿特金森循环发动机可以通过延长进气门关闭时间来减少进气量，之所以出现这种情况是因为通过时间延长可以在压缩冲程中排出一部分燃气，主要是运用了飞轮带动曲柄连杆机构技术。

目前的阿特金森循环发动机中的两个主要部件分别是电子控制装置和进气阀定时装置，这两个装置可以通过油气充分达到更高效率，让燃油充分燃烧，提供更多动力。

1. 阿特金森循环发动机的工作原理

阿特金森循环发动机与普通发动机的差别并不大，主要区别在于气门开闭的时机。通常所见的汽车发动机主要包括 4 个冲程：进气、压缩、做功、排气。其工作时需要经过奥拓循环。奥拓循环发动机通过将油气混合物吸入气缸为汽车提供动力，油气混合物在气缸中被压缩点燃进行做功，最大效率地为汽车提供动力。通常情况下，膨胀比和压缩比等同，想要提升，难度较大。而阿特金森循环过程中会有一部分混合气体通过进气门被退回，这样膨胀比会更大，在燃烧过程中更加充分，有效提升动力提供。

2. 阿特金森循环发动机的缺点分析

阿特金森循环发动机也存在一部分缺点，主要从以下两点进行分析。

① 阿特金森循环发动机的进气方式比较独特，也正是这种进气方式让低速转矩的特性降低。在低速行驶过程中，混合气体因为"反流"作用更稀薄，在能量转化过程中效率较低，车辆在进行启动行驶时整体动力较低，影响正常起步。但是电动机转矩的存在为这一问题提供了解决途径，通过电动机的转矩可以有效弥补阿特金森循环发动机的不足，对于更加平稳的路况非常合适，比如城市路况行驶。

② 长活塞行程会影响高转速运转。通常情况下，燃油燃烧是否充分受活塞行程的影响，更长的活塞行程有利于其燃烧，为汽车提供更多动力。但是，也因为活塞行程过长对转速提升产生了限制，在加速时性能较差。赛车发动机的活塞行程和活塞直径比值较小，这是因为对赛车发动机的性能要求更高。而对于日常所用的汽车，两者之间数据接近就可以满足日常需求。

3. 阿特金森循环发动机的运用情况

想要实现阿特金森循环，需要曲柄等机构的配合，其燃烧室的膨胀比会根据动力需求的增大或减小，有效让汽油充分燃烧，当然，其压缩比相对固定。在 20 世纪初期，工程师曾在冲程上进行研究，想要实现不同冲程，主要运用的技术是连杆机构，研究发现此种形式不可行。但是随着高新技术的发展，在这方面的研究也逐渐加深，可变气体配气相位的出现使其有了进一步突破。目前,福特和丰田公司的混合动力汽车很多均在使用阿特金森循环发动机。

当前，随着科技的发展，油电混合动力汽车也被逐步进行研究，对发动机内进行了进一步改进。比如，阿特金森循环便在丰田普锐斯的 1.5L 汽油机（1NZ-FXE）中进行了体现，也是通过逐步改造的。此种类型循环的发动机优点非常明显，比如膨胀比更大、效率更高等，在追求高热效率的道路上不断发展。由于电动机的出现解决了功率调峰的问题，让发动机有了更高的效率输出。比如，丰田普锐斯汽车上的发动机效率就非常高，基本为 1000~4500r/min。

四、混合动力汽车的类型划分

(一) 依据结构布置形式分类

依据混合动力驱动模式、结构布置形式及动力传输路线,混合动力汽车主要分为串联式混合动力汽车(SHEV)、并联式混合动力汽车(PHEV)和混联式混合动力汽车(PSHEV)三类。

1. 串联式混合动力汽车

串联式混合动力汽车以电动机作为驱动装置,发动机作为辅助动力装置,以提高行驶里程。发动机只作为动力源,为驱动发电机发电,电能通过控制器输送到蓄电池或电动机,由电动机通过变速机构驱动汽车,驱动系统只是电动机。小负荷时由蓄电池驱动电动机,大负荷时由发动机带动发电机发电来驱动电动机。在这种联结方式下,蓄电池就像一个水库,只是调节的对象不是水量而是电能。

蓄电池在发电机产生的能量与电动机需要的能量之间进行调节,从而保证车辆正常行驶。当车辆处于启动、加速、爬坡工况时,发动机、电动机组和蓄电池组共同向电动机提供电能;当车辆处于低速、滑行、怠速工况时,由蓄电池组驱动电动机,若蓄电池组缺电,则由发动机-发电机组向蓄电池组充电。

① 在市区行驶时,若蓄电池完全充满,则选用纯蓄电池驱动方式。

② 当蓄电池电量较低时,发动机被启动,并将其设置在最大功率工作点上,发动机输出的功率与汽车所需功率的差值将通过发电机为蓄电池充电。

③ 当汽车发动机提供的最大功率低于汽车所需的功率时,蓄电池将提供这部分差额功率。

④ 在制动或减速时,电动机起到发电机的作用,使部分动能转化为电能,并存储在蓄电池里。

串联式混合动力汽车的动力由发动机、发电机和电动机三部分动力总成组成,它们之间用串联的方式组成动力单元系统,发动机驱动发电机发电,电能通过控制器输送到蓄电池或电动机,由电动机通过变速机构驱动汽车。

2. 并联式混合动力汽车

并联式混合动力汽车采用发动机和电动机两套驱动系统,可采用发动机单独驱动、电动机单独驱动或发动机和电动机联合驱动三种工作模式。与串联式混合动力汽车相比,并联式混合动力汽车的优点是并联仅用于电动机和发动机,并且发动机和电动机的最大功率较小;缺点是发动机与推进系统共轴连接,导致并联需要离合器,这使得并联结构复杂,控制难度大。

并联结构的特征是以机械形式进行复合,发动机通过变速装置和驱动桥直接相连,电机可同时用作电动机或发电机,以平衡发动机所受的载荷,使其能在高效率区域工作。

① 在起步、坡道或加速阶段,发动机运转,发动机只为耦合器提供总功率的一

部分，离合器闭合，将转矩输入变速器，同时蓄电池释放电能，经逆变器将直流电转换为交流电，给电动机供电。电动机也将转矩输入变速器进而驱动车轮，发动机和电动机共同将动力输入变速器和后桥，从而驱动车辆加速行驶，达到"功率辅助"的目的。

② 当车辆制动、减速或停车时，驱动桥传来的惯性转矩经变速器带动电机运转，电机转换为发电机工作状态，起到发动机的作用。所发出的交流电经逆变器转换为直流电，对蓄电池组进行充电。

③ 当蓄电池电量较低时，发动机被启动，并将其设置在最大功率工作点上，发动机输出的功率与汽车所需功率的差值将通过发电机为蓄电池充电。

④ 在市区行驶时，若蓄电池完全充满，则选用纯蓄电池驱动方式，离合器分离，蓄电池释放电能，经逆变器将直流电转换为交流电，给动力电动机供电，电动机将转矩输入变速器和后桥，从而驱动车辆行驶。

⑤ 在高速巡航时，由发动机驱动汽车，此时相当于传统燃油汽车运行。当车辆采用发动机单独驱动模式运行时，发动机运转，离合器闭合，将转矩输入电动机、变速器和后桥，从而驱动车辆行驶。

并联式装置的发动机和电动机共同驱动汽车，发动机与电动机分属两套系统，可以分别独立地向汽车传动系统提供转矩，在不同的路面上既可以共同驱动车辆，又可以单独驱动车辆。当汽车加速爬坡时，电动机和发动机能够同时向传动机构提供动力，一旦汽车车速达到巡航速度，汽车将仅仅依靠发动机维持该速度。电机既可以做电动机又可以做发电机使用，又称为电动机-发电机组。由于没有单独的发电机，发动机可以直接通过传动机构驱动车轮，这种装置更接近传统的汽车驱动系统，机械效率损耗与普通汽车差不多，得到比较广泛的应用。

3. 混联式混合动力汽车

混联式混合动力汽车在结构上综合了串联式混合动力汽车和并联式混合动力汽车的特点，它主要偏向于并联结构，但又包含一些串联结构的特点。与串联式混合动力汽车相比，混联式混合动力汽车增加了机械动力传输路线；与并联式混合动力汽车相比，混联式混合动力汽车增加了电能的传输路线。

对带有行星轮组的混联式混合动力汽车在不同工况下的传动系统能量流分析如下。

① 在高速巡航时，由发动机单独驱动，此时相当于传统燃油汽车运行。

② 在市区行驶时，若蓄电池完全充满，则选用纯蓄电池驱动方式。

③ 在制动或减速时，电动机起到发动机的作用，将部分动能转化为电能存储到蓄电池里。

④ 在起步或加速阶段，发动机只为耦合器提供总功率的一部分，剩下的功率由电动机提供，达到功率辅助的目的。

⑤ 当蓄电池电量较低时，发动机被启动并将其设置在最大功率工作点上，发动机输出的功率与汽车所需功率的差值将通过发电机转化为蓄电池的电能。

混联式装置包含了串联式和并联式的特点，其动力系统包括发动机、发电机和电动机。根据助力装置的不同，混联式装置又分为以发动机为主和以电动机为主两种。在以发动机为主的形式中，发动机为主动力源，电动机为辅助动力源；在以电动机为主的形式中，发动机为辅助动力源，电动机为主动力源。该结构的优点是控制方便，缺点是结构比较复杂。例如，丰田普锐斯汽车所采用的混合驱动方式将发动机、发电机和电动机通过一个行星轮装置连接起来，组成混联式混合动力驱动，充分利用了串联和并联两种驱动方式的优点。

（二）依据对电能的依赖程度分类

依据对电能的依赖程度，混合动力汽车还可分为弱混合、轻混合、中混合、完全混合、外插电式混合等几种。

1. 弱混合动力汽车

弱混合动力汽车在传统内燃机的启动电动机（一般为 12V）上加装了传动带驱动启动电动机（BSG）。该电动机为发电-启动一体式电动机，用于控制发动机的启动和停止，从而取消了发动机的怠速，降低了油耗和排放。从严格意义上来讲，这种微混合动力汽车不属于真正的混合动力汽车，因为它的电动机并没有为汽车行驶提供持续的动力。在微混合动力系统里，电动机的电压通常有 12V 和 42V 两种。其中，42V 主要用于柴油混合动力系统。

弱混合动力汽车常用 BSG 传动带传送启动/发电技术。例如，奇瑞 A5 的 BSG 款（电动机功率为 10kW），通常节油 10%以下，电动机不直接参与驱动，主要用于启动和回收制动能量。

2. 轻混合动力汽车

轻混合动力汽车的代表车型是通用的混合动力皮卡。该混合动力系统采用了集成启动电机（ISG）。与微混合动力系统相比，轻混合动力系统除了能够实现用发电机控制发动机的启动和停止外，还能够实现以下功能。

① 在减速和制动工况下，可对部分能量进行回收。

② 在行驶过程中，发动机等速运转，发动机产生的能量可以在车轮的驱动需求与发电机的充电需求之间进行调节。轻混合动力系统的混合度一般在 20%以下。

3. 中混合动力汽车

中混合动力汽车同样采用了 ISG 系统。与轻混合动力系统不同，中混合动力系统采用的是高压电动机。另外，中混合动力系统还增加了以下功能：在汽车处于加速或大负荷工况时，电动机能够辅助驱动车轮，补充发动机本身动力输出的不足，从而更好地提高整车的性能。这种系统的混合程度较高，可以达到 30%左右，目前技术已经成熟，应用广泛。

4. 完全混合动力汽车

完全混合动力汽车采用了 272~650V 的高压启动电机，混合程度更高。与中混合动力系统相比，完全混合动力系统的混合度可以达到甚至超过 50%。技术的发展将使完混合动力系统逐渐成为混合动力技术的主要发展方向。完全混合动力汽车的代表为丰田的普锐斯（电动机功率为50kW），可节油40%。

5．外插电式混合动力汽车

外插电式混合动力汽车可以在正常使用情况下从非车载装置中获取能量。外插电式混合动力能提供更好的节油比例，是传统混合动力技术的一个扩展。相对于传统混合动力车辆，外插电式混合动力汽车能较多地利用电网能源，从而降低油耗、减少排放。例如，大众高尔夫Twin-Drive（电动机的功率为130kW）的测试数据为8kW·h/100km耗电和2.5L/100km的油耗，节油50%～60%。

一般所说的混合动力汽车是由电动机作为发动机的辅助动力来驱动汽车，其结构特点就是在传统混合动力汽车上改装或加装可充电的动力电池。因此，不同类型传统混合动力汽车上所具备的特点在相应类型的可外接充电式混合动力汽车（Plug-in HEV）上依然具备，所不同的是可外接充电式混合动力汽车用发动机的功率比传统混合动力汽车的小，电动机和蓄电池的功率比传统混合动力汽车的大，蓄电池可通过电网进行充电。

（三）依据其他方式的分类

（1）依据行驶模式的选择方式分类 根据行驶模式的选择方式不同，混合动力汽车可以分为有手动选择功能的混合动力汽车和无手动选择功能的混合动力汽车。

① 有手动选择功能的混合动力汽车。有手动选择功能的混合动力汽车具备行驶模式手动选择功能，车辆可选择的行驶模式包括热机模式、纯电动模式和混合动力模式三种。

② 无手动选择功能的混合动力汽车。无手动选择功能的混合动力汽车不具备行驶模式手动选择功能，车辆的行驶模式根据不同工况自动切换。

（2）根据车辆用途分类 根据车辆用途不同，混合动力汽车可以分为混合动力乘用车、混合动力客车和混合动力货车。

（3）根据与发动机混合的可再充电能量储存系统不同分类 根据与发动机混合的可再充电能量储存系统不同，混合动力汽车可以分为动力蓄电池式混合动力汽车、超级电容器式混合动力汽车、机电飞轮式混合动力汽车、动力蓄电池与超级电容器组合式混合动力汽车。

值得注意的是，随着混合动力汽车技术的发展，其类型不局限于以上几种，还可按照其他形式分类。

五、插电式混合动力汽车的构成

（一）插电式混合动力汽车的分类

通常所说的混合动力一般是指油电混合动力，即燃料（汽油、柴油）和电能的混合。混合动力汽车是由电动机或发动机作为辅助动力驱动的汽车。混合动力汽车可以独立使用电动机作为动力,相当于使用一辆纯电动汽车,也可以独立使用发动机作为动力,还可以将发动机和电动机联合使用,所以混合动力汽车的燃油经济性能高,续驶里程长,起步、加速性能好,燃油消耗低。

插电式混合动力汽车可分为并联式、串联式和混合式三种,具体分析如下(图2-7)。

1. 并联式插电混合动力汽车

并联式插电混合动力汽车的发动机和电动机是两个相对独立的系统,既可实现纯电动行驶,又可实现内燃机驱动行驶,在功率需求较大时还可实现全混合动力行驶,在停车状态下可外接充电。并联式插电混合动力汽车车内有两套驱动系统,大多是在传统燃油车的基础上增加电动机、电池、电动机控制系统而成,电动机与发动机共同驱动车轮。车内只有一台电机,驱动车轮的时候充当电动机,不驱动车轮而给电池充电时充当发电机。

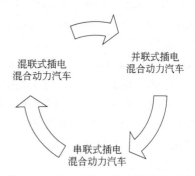

图 2-7 插电式混合动力汽车的分类

并联式插电混合动力汽车的优点如下:电动机、发动机共同驱动车轮,没有功率浪费的问题,例如,电动机的功率为 50kW,发动机的功率为 100kW,只要传动系统能承受,整车功率就是 150kW;在纯电模式下,同样有电动汽车安静、使用成本低等优点;在混合动力模式下,有非常好的起步转矩,加速性能出色;由于只是在变速箱上(变速箱输入端和变速箱输出端)增加了一台电机,在传统燃油车基础上改动较小,因而成本也比较低。

并联式插电混合动力汽车的缺点如下:在混合动力模式下,发动机不能保证一直在最佳转速下工作,油耗比较高,只有在堵车时,因为自带发动机启停功能,所以油耗才会低;因为只有一台电机,所以发动机与电动机共同驱动车轮的工况不能持久;持续加速时,电池的能量会很快耗尽,由混合式动力模式转成发动机单独驱动模式。

2. 串联式插电混合动力汽车

串联式插电混合动力汽车通常称为增程式电动车,其特点是发动机带动发电机发电,发出的电能通过电动机控制器直接输送给电动机,由电动机驱动汽车行驶。在允许的条件下,可通过切断发动机的动力实现纯电动行驶;在要求迅速加速和爬坡时,以混合动力模式工作;当电池组不起作用或不能使用时,发动机可单独驱动电动机带动汽车运行;在停车状态下,可对动力电池进行充电。

3. 混联式插电混合动力汽车

混联式插电混合动力汽车的驱动系统是串联式与并联式的综合,可同时兼顾串联式和并联式的优点,但系统较为复杂。在汽车低速行驶时,其驱动系统主要以串联方式工作;汽车高速稳定行驶时,其驱动系统以并联工作方式为主;停车时,可通过车载充电器进行外接充电。

混联式插电混合动力汽车有两台电机：一台电机仅用于直接驱动车轮；另一台电机具有双重角色，当需要极限性能的时候，充当电动机直接驱动车轮，整车功率就是发动机、两台电机的功率之和，当电力不足的时候，就充当发电机，给电池充电。

混联式插电混合动力汽车同时具有串联式和并联式的优点：在纯电模式下，具有电动车安静、使用成本低的优点；在串联模式下，发动机可以一直控制在最佳转速、油耗低、噪声小、振动小的状态；在并联模式下，两台电机、一台发动机可以一起工作，三者功率加起来具有非常好的起步和加速性能，是一种比较完美的组合。

混联式插电混合动力汽车的缺点如下：两台电机、发动机、变速箱一个都不能少，配套的控制电路、电池、传动系统、油路也不能少，总体成本要高于其他类型的插电混合动力汽车，汽车的总重量也会大一些；因为要控制两台电动机和一台发动机，还有不同的工作模式，控制系统也相对复杂，这也会提高成本。

（二）插电式混合动力汽车的组成

1. 串联式插电混合动力汽车的组成

串联式插电混合动力汽车由动力电池组、控制器、发动机、电动机、高压线束、充电器和充电口等组成。

串联式插电混合动力汽车的驱动原理、驱动单元都与纯电动汽车无异。之所以称其为混合动力，是因为这类车上装备了一台为电池充电的发动机。在日常使用过程中，它又可以当作一台纯电动汽车来使用，只要单次使用不超过电池可提供的续驶里程（一般为 50km），就可以做到零排放和零油耗。增程模块可以在电量快用完时带动发电机发电，以发出的电驱动主电动机。其优点是发动机可以一直工作在最佳工况，在市区其经济性很好。但其高速工况反而不及普通车，因为高速时如果发动机直接驱动发电机发电会增加油耗。

发动机带动发电机发电，发出的电能通过电动机控制器直接输送给电动机，由电动机驱动汽车行驶。发动机启动后持续工作在高效区，通过发电机给电池发电，来驱动电动机。由此可见，串联混合动力技术需要将机械能转化为电能，然后将电能转化为机械能，因为需要两次能量转换，所以整体的效率会比较低；同时因为需要驱动电动机代替传统的发动机，以达到牵引的目的，所以电池容量、发电机、驱动电动机的功率都不能太小。因此，串联模式大多数应用在公交车等大型车中。

串联式结构一般采用的控制方式主要有恒温器控制、功率跟随控制等。串联式插电混合动力汽车的代表车型为雪佛兰沃蓝达、宝马 i3 等。

2. 并联式插电混合动力汽车的组成

并联式插电混合动力汽车由动力电池组、功率转换器、耦合器、离合器、发动机、电动机、高压线束、充电器和充电口等组成。

并联式插电混合动力汽车是在燃油车的基础上，加上电池和电动机组成的，日常使用可以作为纯电动汽车，在上坡、加速时可以实现全混合动力行驶。这类车的优点是结构简单、动力极其强大（由于电动机和发动机可以同时加速），还有不错的节能效果；缺点是无法完全隔绝发动机的不良工况，在电量过低时完全变成燃油车。

并联式布置保留了发动机及其后续传动的机械连接，由电池组、电动机所提供的动力在原驱动系统的某一处与主动力汇合，发动机和电动机产生的力完全分开用以驱动不同的驱动桥，汽车可由发动机和电动机共同驱动或者各自单独驱动。并联式结构一般采用的控制方式有开关门限控制、模糊逻辑控制等。

3. 混联式插电混合动力汽车的组成

混联式插电混合动力汽车主要由发动机、发电机、电动机、行星齿轮机构和蓄电池组等部件组成。例如，丰田普锐斯所采用的混合驱动方式是将发动机、发电机和电动机通过一个行星齿轮装置连接起来的。动力从发动机输出到与其相连的行星架，行星架将一部分转矩传送到发电机，另一部分转矩传送到电动机，并输出到驱动轴。此时车辆并不是串联式或并联式，而是介于串联式与并联式之间，充分利用两种驱动方式的优点，可以在低速下用电池带动汽车工作，在加速时由两套动力系统一同工作，在驱动汽车行驶的同时又为电池充电，因此非常适合城市中走走停停的低速路况。

混联式插电混合动力汽车的驱动系统是串联式与并联式的综合。发动机发出的功率一部分通过机械传动输送给驱动桥，另一部分则驱动发电机发电。发电机发出的电能由控制器控制，输送给电动机或蓄电池，电动机产生的驱动力矩通过动力耦合装置传送给驱动桥。

第四节 燃料电池电动汽车的结构

一、燃料电池电动汽车的原理

目前，燃料电池电动汽车绝大多数采用的是混合式燃料电池驱动系统，将燃料电池与辅助动力源相结合，燃料电池可以只满足持续功率需求，借助辅助动力源提供加速、爬坡等所需的峰值功率，而且在制动时可以将回馈的能量存储在辅助动力源中。混合式燃料电池电动汽车的驱动系统有并联式和串联式两种。

在燃料电池电动汽车所采用的燃料电池发动机中，为保证 PEMFC 组的正常工作，除以 PEMFC 组为核心外，还装有氢气供给系统、氧气供给系统、气体加湿系统、反应生成物的处理系统、冷却系统和电能转换系统等。只有这些辅助系统匹配恰当和正常运转，才能保证燃料电池发动机正常运转。

二、燃料电池电动汽车的分类

（一）依据燃料的来源方式分类

依据燃料的来源方式，燃料电池电动汽车（以下简称燃料电池汽车）可以分为直接燃料式和重整式。

（1）直接燃料式燃料电池汽车 直接燃料式燃料电池汽车中的车载燃料（主要为纯氢，少数汽车使用甲醇等其他燃料）为燃料电池组的阳极燃料。采用纯氢作为燃料的燃料电池汽车，氢燃料的储存方式有高压储氢、液氢储存和金属储氢等几种。目前在大多数的燃料电池汽车，特别是在燃料电池轿车上，仍然以压缩氢气或液化氢气作为燃料。

（2）重整式燃料电池汽车 重整式燃料电池汽车使用甲醇、汽油、天然气、液化石油气等燃料，在汽车上通过重整器生成氢气，再将氢气提供给燃料电池组作为阳极燃料。

直接供氢燃料电池汽车普及的关键是氢的供应和储存，为了保证车辆的用氢需求，必须建造氢站，这就增大了燃料电池汽车产业化和推广的难度。此外，尽管纯氢的比能量很高，但由于氢在常温下为气态，密度极小，因而纯氢的能量密度很低，在 20MPa 高压下仅为 600W·h/L，液氢也只有 2400W·h/L（且使用成本很高），比甲醇、汽油等传统燃料的能量密度低很多。这意味着在相同容积的燃料箱（罐）条件下，燃料电池汽车能携带的能量减少，长途行驶能力低。为此，人们采用重整式燃料电池汽车作为一种解决方案。

目前，通过重整反应利用甲醇制取氢气的技术比较成熟，故重整式燃料电池汽车多采用甲醇作为重整燃料。甲醇为液体，携带方便，提高了燃料电池汽车的续驶里程，且燃料能量的利用率可达 70%～90%，高于内燃机的效率。甲醇重整的方法有蒸汽重整法、局部氧化重整法和废气重整法等。采用不同的重整方法，重整时的化学反应和工艺过程也不同。甲醇重整目前使用较多的是蒸汽重整法，其化学反应过程是在 621℃高温下的吸热分解反应，反应式为

$$CH_3OH \longrightarrow 2H_2 + CO \tag{2-5}$$

在 200℃左右高温下发生轻微放热转化反应，反应式为

$$CO + H_2O \longrightarrow CO_2 + H_2 \tag{2-6}$$

总的化学反应式为

$$CH_3OH + H_2O \longrightarrow CO_2 + 3H_2 \qquad (2\text{-}7)$$

车载甲醇重整制氢包括重整、变换、一氧化碳脱除及燃烧等几个过程。重整器是重整制氢的关键设备，重整器由燃烧器、加热器和蒸发器三个部分组成，中部为蒸发器。甲醇气体与空气混合后，要在加热器中加热甲醇和纯水的混合物，并在蒸发器中将其气化为甲醇和水的混合气，高温的甲醇和水的混合气进入重整器的外腔，在催化剂的催化作用下转化为 H_2 和 CO_2。H_2 经过净化处理器处理，气体中少量的 CO 被转化为 CO_2 作为废气排出，当气体中的 CO 的浓度降低到 $20×10^{-6}$ 时，输送到燃料电池中。

（二）依据有无辅助源分类

依据是否配备辅助源，燃料电池汽车可分为纯燃料电池汽车和燃料电池/辅助源混合驱动燃料电池汽车。

（1）纯燃料电池汽车　纯燃料电池汽车以燃料电池作为唯一动力源，汽车所有功率负荷都由燃料电池承担。纯燃料电池汽车的优点为：系统结构简单，有利于整车的布置；系统部件少，有利于整车的轻量化。纯燃料电池汽车的缺点是燃料电池的功率大，成本高；对燃料电池系统的动态性能和可靠性的要求很高；不能回收制动能量。目前，纯燃料电池汽车较少。

（2）燃料电池/辅助源混合驱动燃料电池汽车　燃料电池/辅助源混合驱动燃料电池汽车上除了燃料电池外，还配备了辅助源（常用的为蓄电池和超级电容），车辆驱动功率由燃料电池和辅助源共同承担。目前的燃料电池汽车多数采用混合驱动型结构。

燃料电池/辅助源混合驱动燃料电池汽车的优点如下：辅助源的加入提高了燃料电池汽车的动态响应能力和低温启动性能，降低了对燃料电池的动态性能要求；通过调节辅助源功率，可将燃料电池设定在最佳的负荷条件下工作，提高燃料电池的工作效率，有利于提高整车的能量效率；目前燃料电池的成本还很高，辅助源的加入使整车可选用功率小一些的燃料电池组，可以在一定程度上降低燃料电池组和整车成本；辅助源可以回收汽车制动时的部分动能，增加整车的能量效率。

燃料电池/辅助源混合驱动燃料电池汽车的缺点如下：动力电池的使用使得整车的重量增加，动力性和经济性受到一定影响；系统比较复杂，系统的控制及各部件布置的难度较大。

按照采用的辅助源类型，混合驱动的燃料电池汽车可分为"燃料电池+蓄电池"型（FC+B）、"燃料电池+超级电容"型（FC+C）和"燃料电池+蓄电池+超级电容"型（FC+B+C）。

"燃料电池+蓄电池"型燃料电池汽车带有燃料电池和蓄电池两个动力源，汽车功率负荷由燃料电池和蓄电池共同承担。在燃料电池系统启动时，蓄电池提供的电能用于空压机或鼓风机的工作及电池堆的加热、氢气和空气的加湿等，在车辆行驶时，蓄电池提供部分功率需求，制动时还可回收部分制动能量。蓄电池降低了对燃料电池功率和动态特性的要求，降低了系统成本，但增加了系统复杂性、重量与体积，提高了蓄电池的维护、更换费用。

"燃料电池+超级电容"与"燃料电池+蓄电池"燃料电池汽车相比，它摒弃了寿命短、成本高、重量大和使用要求复杂的蓄电池，转而用超级电容取代之。超级电容在系统中起的作用与蓄电池类似，其优势是寿命长、效率高、比功率大及成本低，有利于燃料电池汽车的商业化推广。

"燃料电池+蓄电池+超级电容"与"燃料电池+蓄电池"燃料电池汽车相比，在电压总线上并联了一组超级电容，用于提供加速或吸收紧急制动的尖峰电流，减轻蓄电池负担，延长其使用寿命。

（三）依据混合驱动比例分类

依据燃料电池提供的功率占整个行驶功率的比例不同，混合驱动燃料电池汽车可以分为能量混合型和功率混合型。

在燃料电池汽车发展早期，受技能量术水平限制，燃料电池功率较小，燃料电池只提供行驶功率的一部分能量，需配备大容量的辅助动力源（蓄电池），采用这种混合驱动方式的燃料电池汽车称为能量混合型燃料电池汽车。能量混合型燃料电池汽车的优点是燃料电池可常在系统效率较高的额定功率区域内工作。其缺点为：较多蓄电池使整车自重增加，动力性变差，在车辆上布置困难；每次运行后，除了加注氢燃料外，还要给蓄电池充电。

随着燃料电池技术的进步，燃料电池性能也大幅提升，燃料电池能提供的功率比例增加，可减少辅助源的数量，但为了回收制动能量，还需保留一定数量的辅助源，辅助源只提供行驶功率的一部分能量，这种混合驱动方式的燃料电池汽车称为功率混合型燃料电池汽车。功率混合型燃料电池汽车以燃料电池为主动力源，辅助源只在启动、爬坡、加速时提供功率，并在制动时回收制动能量。功率混合型燃料电池汽车的优点是只配备较少数量的辅助源，整车重量下降，有利于提高动力性。其缺点为：需配备较大功率的燃料电池，故整车成本较高；燃料电池工作状态随车辆工况波动较大，对燃料电池的性能要求高。

三、燃料电池电动汽车的结构

燃料电池汽车的外形和内部空间与燃油汽车基本相同，区别在于动力系统。燃料电池汽车的动力系统主要由燃料电池系统、辅助动力源、DC/DC 转换器、动力控制单元、储能单元与电动机等组成（图 2-8）。如果燃料电池汽车采用交流电动机，其动力系统还包括 DC/AC 逆变器。

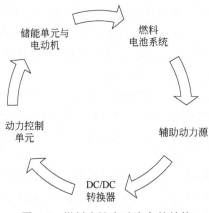

图 2-8 燃料电池电动汽车的结构

(一)燃料电池系统

燃料电池系统的核心是燃料电池组,此外还包括燃料(氢气)供给系统、空气(氧化剂)供给系统、气体加湿系统、生成物处理系统、热管理系统等。只有这些辅助系统匹配恰当和正常运转,才能保证燃料电池系统正常工作。

提高反应气体压力和氧化剂的分压可使燃料电池的电压升高。类似于内燃机通过排气的涡轮增压来提高发动机的功率密度,燃料电池可以通过提高反应气体的压力来增大它的功率密度。按参加反应气体的压力不同,燃料电池系统可分为增压式燃料电池系统和常压式燃料电池系统。气体压力超过 1atm(1atm=101325Pa,下同)的燃料电池系统为增压式燃料电池系统。气体压力在 1atm 左右的燃料电池系统为常压式燃料电池系统。

1. 增压式燃料电池系统

增压式燃料电池系统采用压缩氢气或液态氢作为燃料时,高压氢气通过减压系统和射流泵进入燃料电池,氢气的压力一般比空气(氧化剂)的压力高 0.02~0.05MPa,而空气(氧化剂)的进气压力为 0.2~0.3MPa。因此,空气(氧化剂)需要采用压缩机增压,以较高的速度进入燃料电池,可以增大燃料电池的电流密度与功率密度,提高燃料电池对载荷变化的快速响应能力。

增压式燃料电池发动机需采用空气压缩机以提高空气压力,由于反应温度增高,需要提高冷却效率,要对循环水采取中冷降温等辅助措施,因此,增加了各种辅助装备消耗的驱动功率,并对封装、安装和管理的要求较高。

2. 常压式燃料电池系统

在常压式燃料电池中,压缩氢气经过减压系统,将压力降低到 0.1~0.2MPa,当采用空气作为氧化剂时,不需要空气压缩机来为空气增压,各种辅助装备消耗的功率也较低,约占 5%,系统的效率高。由于它是低压系统,因而管道和接头的安装、密封都容易处理。燃料电池的开路电压较低,使得整体结构庞大,重量更大,在燃料电池汽车上布置较困难,一般作为燃料电池客车的燃料电池。

（二）辅助动力源

除了以燃料电池为动力源外，多数燃料电池汽车还配置了辅助动力源，常采用的是蓄电池组、飞轮储能装置、超级电容等，它们构成燃料电池汽车的双电源系统。辅助动力源具有以下作用。

① 带动车辆快速起步，即提供电能来带动燃料电池发动机快速启动车辆。
② 用于储存车辆再生制动时反馈的电能。
③ 为控制系统、仪表板、车载电子、照明系统、信号系统、电气设备等提供低压电源。
④ 汽车在加速和爬坡时，若燃料电池发动机提供的电能还不足以满足车辆驱动要求，则由辅助动力源提供额外的电能，形成燃料电池发动机和辅助动力源的双电源供电。
⑤ 当燃料电池发动机发出的电还有多余时，剩余的电能会储存到辅助动力源中。

（三）DC/DC 转换器

燃料电池汽车采用的动力源有以下特性：燃料电池提供的是直流电，不能用外电源充电，电流是单向流动的；辅助动力源在充电和放电时，也以直流电的形式流动，但电流可以可逆性流动。车上的各种电源的电压和电流受工况变化的影响呈动态变化，为此需要设置 DC/DC 转换器（DC/DC 变换器）。DC/DC 转换器的基本功能为：当输入的直流电压在一定范围内变化时，能输出负载要求的变化范围的直流电压，当输入电压最低时也能达到最高输出电压，输入电压最高时也能达到最低输出电压；能输出足够的直流负载电流，并且在足够宽的负载变化范围内（从空载到满载，即电流从零到最大），保证设备正常运行，不损坏元器件。

燃料电池汽车的车载 DC/DC 转换器可以调节燃料电池的输出电压和整车能量分配，并稳定整车直流母线电压。对它的要求为：转换效率高，以提高能源的利用率；为了降低对燃料电池的输出电压要求，变换器应具有升压功能；由于燃料电池输出的不稳定，需要转换器闭环运行进行稳压；为了给驱动器稳定的输入，需要转换器有较好的动态调节能力；体积小，重量轻。

（四）动力控制单元

燃料电池汽车的动力控制单元包括燃料电池系统控制、DC/DC 转换器控制、辅助动力源控制和电动机控制。燃料电池系统控制就是控制燃料电池的燃料/氧化剂供给与循环系统、水热管理系统，使燃料电池处于正常状态，能持续向外供电。DC/DC 转换器控制指的是调节 DC/DC 转换器的输出电压，使其满足电动机驱动电压的需求，并与辅助动力源的电压相匹配，协调燃料电池和辅助动力源的负荷。辅助动力源控制指的是对辅助动力源的充、放电和 SOC 等状态进行监控，使其正常工作，实现协助供电和回收制动能量。电动机控制的主要功能有电动机转矩和转速的控制、电动机的再生制动控制及过载保护控制。

(五)储能单元与电动机

燃料电池汽车的储能单元主要分为高压储氢瓶、液态储氢瓶和金属储氢装置；当采用车载重整供氢时，储能单元为向重整装置提供燃料的甲醇或汽油燃料箱。

与纯电动汽车相同，燃料电池汽车上的电动机用于将电源提供的电能转换成机械能，输出转矩来驱动车辆。燃料电池汽车用的驱动电动机主要有直流电动机、交流电动机、永磁电动机和开关磁阻电动机等。燃料电池汽车驱动电动机的选型需要结合整车开发目标，综合考虑电动机的结构特点与性能。

四、燃料电池电动汽车的氢安全

(一)燃料电池与氢的制作

1. 燃料电池分析

(1)燃料电池的特点 燃料电池（DCFD）是一种将储存在燃料和氧化剂中的化学能通过电极反应直接转化为电能的发电装置。燃料电池平时将燃料（氢气、甲醇等）和氧化剂（氧气）分别作为电池两极的活性物质保存在电池的本体之外，在使用时将它们通入电池内，使电池发电，只要持续供应，电池就会源源不断地提供电能，其容量在理论上是无限的，但实际上受元件老化和故障等的影响，故燃料电池有一定的寿命。

燃料电池实质上是电化学反应发生器，由阴极、阳极和电解质三部分组成。其反应机理是将燃料中的化学能不经燃烧而直接转化为电能。氢和氧是燃料电池常用的燃料和氧化剂，下面以氢氧燃料电池为例说明其基本工作原理。电解质两侧分别为阳极（燃料电极）和阴极（氧化剂电极），将作为燃料的氢气通入阳极，阳极为燃料和电解质提供了一个接触面，它们在催化剂作用下发生氧化反应，氢原子失去电子成为 H^+，阳极电化学反应式为

$$H_2 \longrightarrow 2H^+ + 2e \qquad (2-8)$$

阳极失去的电子通过外部电路到达阴极，而 H^+ 则经过电解质到达阴极。阴极发生还原反应，通入阴极的氧气与电解质中的 H^+ 吸收外电路中的电子，在催化剂的作用下生成水，阴极电化学的反应式为

$$O_2 + 4H^+ + 4e \longrightarrow 2H_2O \qquad (2-9)$$

当外电路接上负载时，燃料电池就形成了电流并向负载提供电能，燃料电池的总反应式为

$$2H_2 + O_2 \longrightarrow 2H_2O \qquad (2-10)$$

氢氧燃料电池电化学反应排出一定的反应产物（水），同时也放出一定的废热，

以维持电池工作温度的恒定。燃料电池本身只决定输出功率的大小，其储存的能量大小由储存在储罐内的燃料与氧化剂的量决定。

（2）燃料电池的类别划分 燃料电池可根据工作温度、燃料来源和电解质类型进行分类。

① 根据工作温度分类。根据工作温度不同，燃料电池可以分为低温型（低于200℃）、中温型（200~750℃）和高温型（大于750℃）三类。

② 根据燃料来源分类。根据燃料来源不同，燃料电池可以分为直接式燃料电池、间接式燃料电池和再生式燃料电池。直接式燃料电池将燃料（氢气、甲醇）直接供给燃料电池的电极，在催化剂的作用下发生电化学反应；间接式燃料电池是将汽油、天然气、二甲醚等能源经过重整或纯化得到氢气或富氢燃料，再供给燃料电池电极进行反应；再生式燃料电池可将燃料电池生成的水经适当处理分解成氢气和氧气，输送给燃料电池电极循环使用。

③ 根据电解质类型分类。根据电解质类型不同，燃料电池可以分为碱性燃料电池（AFC）、磷酸燃料电池（PAFC）、熔融碳酸盐燃料电池（MCFC）、固体氧化物燃料电池（SOFC）及质子交换膜燃料电池（PEMFC）等。

质子交换膜燃料电池采用贵重金属铂作为催化剂。燃料气体中的 CO 会使铂中毒，因此对燃料有较高要求。质子交换膜燃料电池比能量高达200W·h/kg，单体电池电压为1V，具有无腐蚀、安全耐用、在常温下容易快速启动和关闭等优点。

质子交换膜燃料电池发电作为新一代发电技术，主要用于车辆驱动及小型便携电源，其中、大功率发电系统目前也取得较大进展。

（3）燃料电池的优点分析 燃料电池作为一种能量转化装置，与车用内燃机相比，主要具有以下优点。

① 效率高。燃料电池不是热机，因此不受卡诺循环的限制，效率很高，目前已达60%。

② 零排放或排放极低，对环境基本无污染。燃料电池没有燃烧过程，用化学方式直接转换化学能，属于"冷燃烧"。氢氧燃料电池的产物只有水，没有其他废气排出。

③ 过载能力强。燃料电池的短时过载能力可达2倍的额定功率或更大，而内燃机没有这样强的过载能力，燃料电池的这个特点特别适合汽车的短时加速。

④ 振动与噪声小。燃料电池属于静态能量转换装置，无运动部件，因此在运行过程中噪声和振动很小。

⑤ 易实现模块化。燃料电池容易通过串联、并联等模块化组合来提高输出功率。

（4）燃料电池和普通电池的异同 普通电池分为一次电池和二次电池（蓄电池）。一次电池的化学能储存在电池物质中，当电池放电时，电池物质发生化学反应，直到反应物质全部反应消耗完毕，电池就不再放电。因此，一次电池所放出的最大电能等于参与电化学反应的化学物质完全反应时所产生的电能。二次电池可以利用外部供给的电能，使电池反应向逆方向进行，再生成电化学反应物质。从能量角度看,二次电池就是将外部能量充给电池,使其可再发电,达到反复使用的目的。

从根本上而言,燃料电池与普通一次电池一样,是使电化学反应的两个电极反应分别在阴极和阳极上发生,通过外电路产生电流来发电的。所不同的是,普通一次电池是一个封闭体系,与外界只有能量交换而没有物质交换。换言之,电池本身既作为能量的转换场所,也作为电极物质的储存容器。当反应物消耗完时,电池就不能继续提供电能。燃料电池是一个开放体系,与外界不仅有能量的交换,也存在物质的交换。外界为燃料电池提供反应所需的物质,并带走反应产物。

燃料电池与二次电池的共同之处是,都可将化学能转变为电能。它们也有很大区别:二次电池是能量存储装置,可将化学反应能与电能进行逆转换;燃料电池本体只是一个能量转换装置,放电的电化学反应不可逆,不可充电,它的能量补充来自外部输入的燃料和氧化剂。

2. 氢的制取

由于具有工作温度低、启动快、比功率高及环保等优点,质子交换膜燃料电池是近年来研究最多、应用最广泛的燃料电池,目前大多数的燃料电池汽车采用这种类型的燃料电池。质子交换膜燃料电池的氧化剂是氧气,可方便地从空气中获取。燃料电池最常用的燃料是氢气。氢虽然是地球上最丰富的元素,但自然界中的氢多以化合物的形式存在,以氢气存在的氢极少。为此,曾有学者指出,解决氢源问题比解决燃料电池本身问题更有意义。未来大规模推广应用燃料电池必须先解决氢源的问题。

氢的制取流程如图 2-9 所示。

(1)**氢的制取** 目前主要利用化石燃料制氢,还采用电解水的方法制氢。近年来,随着对大规模制氢需求的提高及技术的发展,一些环保的、低成本的、新型的制氢方法,如太阳能制氢、生物制氢、热化学分解水制氢等方法应运而生,它们将逐渐成为大规模制氢的主流。

① 化石燃料制氢。化石燃料制氢是目前制氢的主要途径,其缺点是化石燃料储量有限,且制氢过程会对环境造成污染。化石燃料制氢主要有天然气制氢和煤气化制氢。

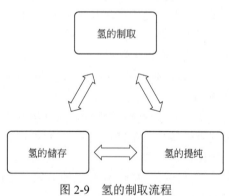

图 2-9 氢的制取流程

a. 天然气制氢。天然气制氢可采用天然气蒸气重整、部分氧化和自热重整等方法。

ⓐ 天然气蒸汽重整。首先清除天然气中的硫化物,然后和水蒸气混合,送入内部反应器,同时从外部加热,生成 CO 和 H_2,其反应式为

$$CH_4 + H_2O \longrightarrow CO + 3H_2 \quad (2\text{-}11)$$

接着发生水-气转化反应,将 CO 和 H_2O 转化成 CO_2 和 H_2,其反应式为

$$CO + H_2O \longrightarrow CO_2 + H_2 \qquad (2\text{-}12)$$

随着反应的进行，水蒸气有可能被 CO_2 取代，其反应式为

$$CH_4 + CO_2 \longrightarrow 2CO + 2H_2 \qquad (2\text{-}13)$$

H_2 中若含有 CO，会使燃料电池中的催化剂中毒，降低燃料电池的性能和寿命。为此，反应器输出的 H_2 要进行提纯，清除其中的 CO、S 等有害物质。用天然气蒸汽重整制取 1kg 的 H_2，需要 2kg 的 CH_4 和 4.5kg 的水。

ⓑ 天然气部分氧化。天然气可在氧气中部分氧化生成合成气（水煤气），反应式为

$$2CH_4 + 2O_2 \longrightarrow 2CO + 4H_2 \qquad (2\text{-}14)$$

以上反应是放热反应，使用或不使用催化剂均可。

ⓒ 天然气自热重整。天然气自热重整是结合天然气蒸汽重整和部分氧化的一种新方法。部分氧化是一个放热反应，它放出的热量可提供给蒸汽重整过程，这样既可限制反应器内的最高温度，又可降低能耗。天然气自热重整的总反应式为

$$CH_4 + xO_2 + (2-2x)H_2O \longrightarrow CO_2 + (4-2x)H_2 \qquad (2\text{-}15)$$

b. 煤气化制氢。煤气化指煤与气化剂在一定的温度、压力等条件下发生化学反应而转化为煤气的工艺过程。煤气化技术按气化前煤炭是否经过开采可分为地面气化技术（将煤放在气化炉内气化）和地下气化技术（让煤直接在地下煤层中气化）。煤气化制氢曾经是主要的制氢方法，随着石油工业的兴起，特别是天然气蒸汽重整制氢技术的出现，煤气化制氢技术呈现逐步减缓的发展态势。但对我国而言，煤炭资源丰富，价格相对低廉，而天然气价格较高，且资源储量并不大，因此对我国大规模制氢而言，煤气化是一个重要的途径。

ⓐ 煤的地面气化技术。煤的地面气化主要包括三个过程，即造气反应、水煤气转化反应、氢的纯化与压缩。

造气反应生成焦炉煤气、水煤气、半水煤气等 CO 和水的合成气，反应式为

$$C(s) + H_2O(g) \longrightarrow CO(g) + H_2(g) \qquad (2\text{-}16)$$

水煤气转化反应将 CO 和水的合成气转化为 CO_2 及 H_2，反应式为

$$CO + H_2O \longrightarrow CO_2 + H_2 \qquad (2\text{-}17)$$

煤气化反应是一个吸热反应，反应所需热量由碳的氧化反应提供。

ⓑ 煤的地下气化技术。煤的地下气化就是将地下处于自然状态的煤进行有控制的燃烧，通过对煤的热作用及化学作用产生可燃气体，这个过程在地下气化炉的气化通道中由三个反应区域（氧化区、还原区和干馏干燥区）来实现。煤的地下气化技术是实现大规模制氢的候选技术之一。

② 利用工业生产的含氢尾气制氢。

a. 合成氨生产尾气制氢。含氢尾气制作的氢可用于生产合成氨。在合成氨的合成反应中，必须排放出不参加反应的甲烷，因为它们会不断积累，但在这个过

程中会排放出一些有效气体。只有当气压大于 5.0MPa 时才能排放合成氨，排放气中包含以下几种化学成分：3%～4.5%的 Ar，15%～20%的 N_2，50%～65%的 H_2，$NH_3 \leq 200 \times 10^{-6}$。当生产的合成氨达到 1t 时，就会有 150～250m^3（标准状况）的排放气排出。我国每年都有 1.5×10^8t 的合成氨产出，其中可以回收 120 亿立方米（标准状况）的纯氢，且纯度都在 99%以上。

b. 炼油厂回收富氢气体制氢。炼油厂在石油加工时，会有不同富氢气体产生。如在渣油裂化（催化）、加气裂化反应及加氢精制时都出现富氢气体。通过提氢装置可以充分回收利用这些富氢气体。一套提氢装置在当下有 50000m^3/h（标准状况）的生产能力，因此无须为制氢产量担忧。

c. 氯碱厂回收副产品氢制氢。氯碱厂通过离子膜或石棉隔膜电解槽的方式，将原料食盐水（NaCl）转化为烧碱（NaOH）和氯气（Cl_2），在这个过程中还会产生副产品氢气。去除这些氢气中的杂质就可以获得纯氢。我国的氯碱厂当下有 550 万吨/年的生产能力，如果每生产 1t 烧碱能够获得 270m^3（标准状况）的氢气，那么每年就能够获得 $1.39 \times 10^9 m^3$（标准状况）氢气。

d. 焦炉煤气中氢的回收利用。焦炉煤气的原材料是焦炭，在其生产过程中会产生 50%～60%的氢，通过变压吸附法（SPA 法）去掉杂质就可以获得纯氢。焦炭是很多钢铁企业和焦化厂都会生产的产品。生产 1t 焦炭能够得到的焦炉煤气为 400m^3（标准状况），可以获得的纯氢为 240m^3（标准状况）。我国焦炉煤气每年的生产能力是 $2.2 \times 10^{10} m^3$，从中可以得到 $1.2 \times 10^{10} m^3$ 的纯氢。

总体来说，当下基本都通过化石燃料制氢，钢铁、石化以及焦化工业的副产品中都包含了氢。

③ 电解水制氢。电解水制氢是一种非常成熟的制氢方式，且非常传统。其制氢原理并不复杂，水电解室中有一层隔膜，作用是为了防止氢气渗透，此外还有一对电极。通常情况下，电解液中的氢氧化钾（KOH）浓度会达到 30%，水会在接入直流电后发生分解反应，产生氢气和氧气。

电解水制氢只需要简单的设备，而且技术非常成熟，没有任何污染，获得的氢气杂质少，纯度较高，可应用的场合较多，但也存在一个缺陷就是成本高昂，需要的耗能大。0.8～3.0MPa 是当下电解水制氢装置生产商用氢所需的操作压力，其生产的氢气和氧气的纯度分别为 99.7%和 99.5%。

在电解过程中减少能源的消耗，让能源转换效率得到大幅度提升已经成为电解水制氢关注的重点。电解水制氢所用的电解液通常都含强酸、强碱或是含氢盐。商用电解槽法在当下可以用 4.5～5.5kW·h 的电制得 1m^3（标准状况）氢气，可见成本非常高昂，因此并不适用于商业化制氢。现在不少国家都在试图降低电解水技术能耗。例如，美国通用公司将隔膜和电解质用离子交换膜代替，研发出了固体高分子电解质水解制氢法，大幅降低了能耗。

在电解水制氢过程中若是使用石油和煤等常规能源发电，那么只会产生高昂的成本和较大的能耗，且非常不环保。人们现在将重点放在可再生能源制氢上，即通过太阳能、水利能、地热以及风能等制氢,这样既能够减少对环境的污染,还可以减少排放。

④ 其他制氢方法。电解水及化石燃料制氢法都非常传统,但当下也有如热化学分解水制氢、太阳能制氢及生物制氢等新兴的制氢技术出现。

a. 热化学分解水制氢。热化学分解水制氢需要让水达到相应的温度,再通过热产生的化学反应获得氢气。直接用热很难分解水,热化学法通过装置和化学反应将热能转化成化学能生产氢气。而水的电解法制氢则是将电能转化为化学能,所以两者并不相同。很明显,水的电解法制氢需要转换很多次能量,所以效率并不高。尽管现在已经研究出了不少热化学制氢方法,但其效率只有 20%~50%,这是非常低的,其中仍有不少工艺问题没有解决。

b. 太阳能制氢。太阳能是一种非常环保的能源,可以说取之不尽、用之不竭,如太阳能热分解水制氢、太阳能电解水制氢、太阳能光化学分解水制氢及太阳能光电化学分解水制氢等都属于太阳能制氢的方式,下面进行详细介绍。

ⓐ 太阳能热分解水制氢。太阳能热分解水制氢既可以使用直接热分解,也可以使用热化学分解。若采用直接热分解法分解水中的氢和氧,那么温度要大于2727℃,尽管这种方法非常高效,但却需要高昂的太阳能聚焦成本;热化学分解指的是将催化剂与水结合,当温度达到 900~1200K(627~927℃)时就可以分解水中的氢和氧,催化剂可以重复使用,该方法能够有效提高制氢效率。

ⓑ 太阳能电解水制氢。太阳能电解水制氢利用的主要是电能,而这里的电能则是由太阳能转化而来的。

ⓒ 太阳能光化学分解水制氢。要想从水中获得氧和氢,可以先将水分解成氢氧根离子和氢离子,然后获取氢和氧。以该原理为基础,太阳能光化学分解水制氢可分为三个步骤,首先是光化学反应,利用太阳能的光化学作用;其次是热化学反应,利用的是太阳能的光热作用;最后是电化学反应,利用太阳能的光电作用。这种方法的重点在于光敏催化剂,不仅要求其具备较高的光解效率,还要有稳定的性能。

ⓓ 太阳能光电化学分解水制氢。使用这种方法需要找到合适的电极材料,由于电极要配合化学电池使用,因此要求电极不会因为太阳光的照射而发生电流的改变,这样才能将水电解制氢。

c. 生物制氢。人们通过研究已经证实了水中的某些藻类也可以制氢。如固氮蓝藻、小球藻以及绿藻等就可以水为原料,在太阳光的作用下不间断地产生氢气。蛋白质以及碳水化合物等自然界中的有机化合物都含有氢元素,而生物制氢就是将其中的氢元素通过高效产氢细菌转化为氢气。光合厌氧型产氢细菌以及厌氧型产氢细菌这两类微生物都可以产氢。光合厌氧型产氢细菌在有机酸和光照的共同作用下会有氢气及二氧化碳产生,所以也被称为光合菌。厌氧型产氢细菌会产生二氧化碳、氢气及有机酸,它通过发酵二糖、单糖或多糖等碳水化合物以及蛋白质等实现,也被称为厌氧菌。用提氢装置将微生物产生的氢气和二氧化碳进行分离,得到的氢气的纯度可以接近100%。

啤酒厂、食品厂、味精厂以及酒精厂等在产品加工过程中都会使用粮食,这时就会产生高浓度有机废水,利用生物制氢可以从中获得氢气,并使其达到排放标准。1t 高浓度的有机废水在经过处理后可以获得 5～8m³(标准状况)氢气。微生物制氢技术也成为当下人们研究的重点,如从植物秸秆及海藻等中提取氢气。总体来说,生物制氢的发展前景非常广阔,因为人们可以从自然界中获取源源不断的氢气。

(2)氢的提纯　用原料制备的氢气都属于混合气,想得到高纯氢气,必须经过提纯和精制。例如冷凝-低温吸附法、低温吸收-吸附法、变压吸附法、钯膜扩散法及金属氢化物分离法等都是当下常用的精制高纯氢方法。

① 冷凝-低温吸附法。冷凝-低温吸附法需要两个步骤:首先,要进行预处理,将其中的水、杂质以及二氧化碳等通过低温冷凝法去除,冷凝分离要进行两次以上,而且要使用不同的温度;然后,使用低温吸附法进行精制,即用吸附塔处理已经预冷完成的氢气,使用吸附剂在 -196℃ 的低温下除去其中的杂质。例如,想要去除微量水,就可以使用活性氧化铝,CH_4 可通过活性炭去除,N_2、CO、Ar 可通过硅胶去除,O_2 和 N_2 可通过分子筛去除等。净化之后可以获得纯度为 99.999%～99.9999% 的氢气。

② 低温吸收-吸附法。低温吸收-吸附法需要两个步骤:首先,针对原料氢中的不同杂质选择如乙烯、丙烷、甲烷、丙烯等不同的吸收剂;然后通过低温吸附杂质。例如,CO 可在低温下使用液体甲烷进行吸附,CH_4 可通过丙烷吸附,这时得到的氢气纯度可达到 99.99%。若要使氢气的纯度达到 99.999%～99.9999%,可以再进行低温吸附,同时配合吸附剂即可。

③ 变压吸附法。变压吸附法被广泛应用于气体分离领域。因为其具备很多优势,如工艺流程简单、能耗低、产品纯度高、操作简单可靠、预处理要求不高、自动化程度高等。变压吸附之所以可以分离气体,利用的就是周期性的压力变化,有很多气源都可以成为变压吸附法制氢的原料,而且这种技术非常成熟,可制得纯度为 99%～99.999% 的氢气。

④ 钯膜扩散法。氢气在 400～500℃ 下可以穿过钯合金膜,而其他杂质气体则是无法透过的,这样就可以提纯氢气。若使用钯膜扩散法,原料气中则不能含氧气和水,因为钯合金会在水的作用下产生氧化,而氧气则会让钯合金局部过热。所以必须要用预纯化器除去原料气中的氧气和水,然后用过滤器除尘,才可以在钯合金扩散室制取氢气,这样得到的产品纯度为 99.9999%。但若要大规模生产氢气,则不能选择钯膜扩散法。

⑤ 金属氢化物分离法。这是新研发出的技术。氢气在经过储氢合金的吸收后会产生金属氢化物,而这些氢化物中是不含任何杂质的,氢化物会随着分解反应释放出高纯度的氢气。氢气要经过预处理之后才能被放入氢合金纯化器中去除杂质。纯化装置能够制取纯度在 99.9999% 以上的高纯氢气,它往往由多个纯化器共同构成。应将过滤器安装在生产装置终端,因为金属氢化物会在制氢的过程中变为粉末,而这些粉末是要除去的。

（3）氢的储存 分散性和间歇性是氢作为燃料时具备的特征，因此氢气并不易于储存和运输。气态氢和液态氢的密度都非常小，气态氢的密度只有空气的 7%，为 0.08988g/L，而液态氢（-253℃）的密度是水的 7%，为 70.8g/L。

通常情况下，氢都是气态的，而且非常易燃和易爆，因此并不易于储存和运输。在储存和运输氢气的过程中，不仅要做到能耗少，更重要的是要保证安全。国际能源署对车用氢气存储系统提出的要求是：存放温度不应高于 423K，体积储氢密度不可小于 50kg/m^3，循环寿命要在 1000 次以上，质量储氢密度不可小于 5%。美国能源部的要求则是体积储氢密度不可小于 62kg/m^3，质量储氢密度要大于 6.5%，假定一辆普通汽车行驶 400km 需消耗汽油 24kg，要达到相同行驶里程，以氢气为电池燃料的电动汽车（燃料电池效率为 50%~60%），则大致需要 4kg 的氢。

总体来说，氢气既可以用物理法储存，也可以用化学法储存。其中高压氢气储存、碳纤维和碳纳米管储存、活性炭吸附储存、玻璃微球储存以及液氢储存等都属于物理储存法。而无机物储存、金属氢化物储存、有机液态氢化物储存以及铁磁性材料储存等则属于化学储存法。

① 高压氢气储存。在一定温度下，气体的体积会随着压力的增大而减小，而气体的密度则会增加，高压储氢利用的正是这一原理。通常情况下，12~15MPa 为储存氢气时所用的压力，但有时也会使用 20MPa 的压力。

普通高压气态储氢不需要较高的成本，简单方便且速度快，对温度没有特殊要求，是一种常用的储氢方式。但是，也有不足之处，即氢气压缩功耗较大，耐压容器也要足够厚重，容易发生容器爆炸和泄漏事件。从质量储氢密度看，普通高压钢瓶为 1%，而钛瓶也只有 5%，可以发现，高压钢瓶储氢都不具备较高的能量密度。

现在已经有了储氢压力 20~60MPa 的新型轻质耐压储氢容器，这种储氢容器是用碳纤维复合材料制成的，其中包含了玻璃、碳纤维、陶瓷等，容器壁非常薄，储氢方式也不复杂，储氢密度为 5%~10%。现阶段正在开发全新的轻型材料，储氢压力可达 80MPa。不过其中还有几项关键技术没有攻破，如怎样快速加氢、阀体与容器之间如何连接等。

当下应用最广泛的就是车载高压氢气储存，但仍有需要改进的地方：普通储气瓶无法携带较多的氢气，由于其储氢密度小，并不适合长距离行驶的车辆；高压容器盛放的是不稳定的氢气，而且自身也要小心维护，如果发生车祸，很容易出现非常严重的后果。

② 液氢储存。氢气在一定的低温下会以液态形式存在。低温液态储氢首先要做的就是压缩氢气，然后进行冷却，最后在等焓过程结束后就会成为液体。在高真空的绝热容器中盛放已经分离完成的液体。

从密度上看，液氢在常温和常压下是气态氢的 845 倍，相比于压缩储存，液氢储存的体积能量密度明显更高，而且还会在储氢质量上获得 10%的提升。汽车发动机、航天飞机用的火箭发动机以及洲际飞行运输工具等非常适合使用液氢储存工艺。

氢气的液化温度非常低，达到-253℃，因此，液氢储气罐的设计要特别考虑绝热问题。液氢储气罐外壳由超绝热材料包裹，设有液氢进口、出口和安全排气阀。其内部装有液位计和压力表。因为液氢在气化时吸收大量的热量，所以储氢系统还有热交换和压力调节系统。如果只考虑重量和体积，最佳的储氢方式非液氢储存莫属。但氢气液化需要较高的成本，1kg 氢气在液化过程中所需的电量是 4～10kW·h。此外，只有超低温的容器才能用于储存液氢，但液氢在储存过程中很容易蒸发，这不仅是一种损失，还会增加储存成本。此外，它还存在安全方面的隐患。

最近有一种新型的绝热容器出现，这种容器的壁间带有直径为 30～150μm 的中空微珠，其壁的厚度为 1～5μm。为了保证颗粒间不会发生对流换热现象，会在总量 3%～5%的微珠上镀铝，这两种微珠混在一起能够阻止辐射传热。相比于普通高真空的绝热容器，新型绝热容器的绝热效果明显更好，非常适合作为液氢储存罐使用，已经得到了美国宇航局的青睐。

大规模推广车载液态储氢，目前还需要解决低温容器的热漏损及液氢的生产、储存、运输、加注等问题。

③ 金属氢化物储存。金属间化合物类的合金能够储存金属氢化物形式的氢。这类材料的特点在于：当温度和压力达到一定程度后，氢气就会被它们吸收，进而形成金属氢化物。而金属氢化物在加热之后又会将氢气释放出来，在这个过程中就可以储存氢气。钛系储氢合金、铁系储氢合金、锆系储氢合金以及稀土系储氢合金都是人们研究出的能储氢的合金。

在合金中，氢的状态为原子，这些原子状态的氢在释放时会产生相变、扩散、化合等反应。但在这些反应过程中会受制于受热效应和速度，所以相比于液氢和高压氢，金属氢化物储氢的容量更高，且更安全。下面介绍金属储氢的几个特征。

a. 金属氢化物的体积储氢密度要明显高于高压氢气储存，但其质量储氢密度只有 1.5%，并不高，因为它有比较大的金属质量。

b. 金属氢化物的储氢压力要低于高压储氢，仅为 1～2MPa，不仅使用成本低，也更加安全。

c. 对于 H_2O、O_2、CO 等氢气中的杂质，金属氢化物对其非常敏感，因此，只有质量较好的原料氢才适用于金属储氢。

d. 储氢金属无法进行多次反复充放，无形中增加了储氢成本。

e. 氢在吸收和释放的过程中会产生热量，所以耐高压和换热面积大是储氢容器必须具备的条件。

④ 吸附储氢。吸附储氢的安全性和储存效率都非常高，是近些年发展非常快速的新型储氢方法。活性炭、分子筛以及新型吸附剂（碳纳米管）等是吸附储氢使用的材料。吸附储氢有两类：一类是物理吸附；另一类是化学吸附。这种技术的优势在于有适中的压力、有多种形状可以选择以及储存容器自重较轻等。

a. 活性炭储氢。这种技术所用的吸附剂是活性炭，它具备超高的比表面积。通过研究可以发现，当超级活性炭在 2～4MPa 以及超低温 77K 下时，其质量储氢密度为 5.3%～7.4%，当超级活性炭在 6MPa 及超低温 93K 下时，其质量储氢密度为 9.8%。

超级活性炭储氢的优势在于解吸速度快、经济、可反复循环使用、储氢量高以及可进行大规模生产等，但超低温仍是今后需要攻克的难题。

b. 碳纳米管储氢。碳纳米材料是当下最热门的研究材料之一，而其中最受人关注的则是碳纳米管。碳纳米材料的尺寸极小，这是因为它的晶格排列结构比较独特，但它的表面积并不小。在所有的吸附储氢材料中，最被看好的就是碳纳米材料。碳纳米管不仅有单壁碳纳米管，还有多壁碳纳米管。碳纳米管之所以可以吸附氢气，就是因为碳纳米管中会出现间距为 0.337nm 的层板，而这个距离大于氢气分子的动力学直径。有很多微孔分布在碳纳米管中，氢气会在毛细力的作用下被微孔吸收，从而改变原有的形态。相比于活性炭，碳纳米管的吸附量明显要更大，因此能够储存更多的氢。此外，氢在碳纳米管的层板之间并不能紧密地结合，所以当压力减小时氢气就会被释放出来，非常方便。

单壁碳纳米管的成束情况、孔径分布、直径大小以及多壁碳纳米管的碳层数和阵列等都属于碳纳米管的微观结构，而这些都会对其储氢性能产生一定影响。通过研究可以发现，当单壁碳纳米管在 10MPa 以及 80K（-193℃）时，其质量储氢密度为 8.25%，这是传统储氢系统无法达到的，不过从储氢性能上看，多壁碳纳米管并不如单壁碳纳米管，人们正在利用酸洗、真空热处理及化学氧化等方式来强化这种材料的储氢性能，不断提高储氢能力。

尽管碳纳米管的储氢量非常可观，但由于现在的技术并不支持批量生产碳纳米管，因此它还不能作为商业储氢材料使用，而且还要进一步研究碳纳米管的结构控制、储氢机理以及化学改性等。

（二）燃料电池电动汽车的氢安全特性

氢气所具备的特性是其他常规能源所无法比拟的，主要是从两个方面来说：一是有利于安全的特性，如具有更好的浮力和更大的扩散系数，以及更低的单位体积爆炸能等；二是不利于安全的特性，如着火能力更低、火焰传播速度更快、泄漏更容易以及着火范围更广等（图2-10）。

1. 泄漏性

所有元素中质量最轻的是氢，它具有较小的直径，相对于液体和其他气体来说，氢气泄漏也更为容易。此外，其泄漏的扩散速度也是非常快的，而且氢气在空气中燃烧一般是看不出来的，因此人们常常无法预知氢气火焰的存在从而造成较大危险。通常情况下，氢气的泄漏率和天然气的泄漏率比率为 3.8∶1；处于层流中，氢气的泄漏率和天然气的泄漏率比例为 1.3∶1；若处于湍流中，

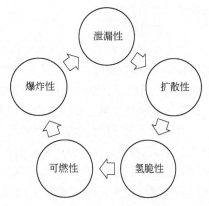

图 2-10 燃料电池电动汽车的氢安全特性

氢气的泄漏率和天然气的泄漏率比率为 2.8∶1。一般来说，燃料电池汽车的储氢瓶中大概会有 30MPa 左右的压力，因此会以湍流的形式发生泄漏；氢气在通过储氢瓶后端的减压器时会进行减压，二次减压在电池堆前完成，到达电池堆时会有 200kPa 左右的氢压，这时会以层流的形式产生泄漏。因此燃料电池汽车中氢泄漏的形式会受泄漏位置和压力的影响。

若是高压储气罐发生泄漏，不管是氢气还是天然气，都将以声速的速度进行。不过氢气会以高于天然气 3 倍的速度产生泄漏，由此可见，氢气的泄漏会更快。当然，从泄漏的总能量来说，天然气要高于氢气，这是因为天然气的体积能量密度要比氢气高 2 倍。

2. 扩散性

氢气一旦泄漏，扩散速度非常之快。相比于汽油、天然气以及丙烷来说，氢气的浮力是最大的，扩散性也是最强的。氢气和天然气的密度分别是空气的 7% 和 55%。因此，就算在不通风时，氢气比天然气的上升速度也要快很多。而丙烷和汽油则不会上升，扩散也较为缓慢。和天然气、丙烷以及汽油相比，氢气的扩散系数是最大的，分别是这几种能源的 3.8 倍、6.1 倍以及 12 倍。由此可知，氢气一旦泄漏，其扩散非常之快，这有利于降低浓度。

户外情况下，快速扩散是非常有利的；若在户内，则有利也有弊，在泄漏量不大的情况下，总体来说还是利大于弊。快速扩散使其浓度无法达到下限要求，从而不会引起火灾；但是泄漏量大时，则可能导致着火，发生火灾，产生安全隐患。

3. 氢脆性

在进行加工、酸洗、电镀、冶炼和热处理金属时，或者金属在含氧介质中使用较长时间的过程中，都可能会受到氢气的侵害而使力学性能发生改变，导致金属出现脆断问题，这便是氢脆。氢从不同的来源进行分类，包括内部氢脆和环境氢脆两种。常温环境下，钢会受到氢的腐蚀作用，不过氢脆腐蚀现象要达到 300℃ 和高于 30MPa 的压力时才能发现。所以，在设计中，为了确保氢的使用安全，需要对材料选择进行严格把控。

4. 可燃性

在有空气的情况下，氢气具有非常广泛的燃烧范围和较低的着火能。具体来说，具有 4%～75% 的氢气和空气混合物燃烧范围和 0.02 mJ 的着火能，这是其他燃料如甲烷等完全无法达到的。为此，为了氢的使用安全，要确保 4% 以下的燃烧下限，同时为了控制氢气浓度，还应该设置相关的警报探测器和排风扇等。

氢气的着火下限分别是汽油和丙烷的 4 倍和 1.9 倍，不过比天然气要低，氢气的浓度在 4% 左右时，其只会产生向前传播的火焰。在火焰传播向后的情况下，则证明氢气浓度已经超过了 9%。所以，氢气不会在着火源浓度低于 9% 的情况下燃烧。天然气的浓度达到 6.5% 时就会产生向后传播的火焰。因此，从这点上来看，氢气的安全性较好。

当然，也不能完全按照数字来验证氢气的最小着火能。因为对氢气的最小着火能的测试保持浓度在25%~30%的状况下进行。当燃料空气比过高或者过低的时候，氢气的着火能是会产生较大变化的。实际生活中，氢气和空气混合物与天然气和空气混合物在浓度达到4%~5%时，其着火能是基本持平的。不过氢气具有较高的着火上限，这在很多情况下会产生不利影响。比如，车库中出现氢气泄漏却没有在达到着火下限的情况下燃烧，这会导致着火范围极速扩大，从而导致车库中的着火源增多。

5．爆炸性

户外环境中，氢气发生爆炸的可能性不大，除非发生化学爆炸、闪电等情况才可能导致氢气爆炸，不过在室内或者封闭空间中，氢气具有较大的燃烧速度，从而导致爆炸的发生。

氢气可以达到天然气和汽油燃烧速度的7倍左右。所以在相同的条件下，相比于其他燃料，氢气产生爆炸的可能性更大。不过，由于各种因素的制约，像燃料的温度、密闭环境以及空气比不同，都会对氢气的燃烧产生作用。氢气的燃料空气比爆炸下限分别是天然气以及汽油气的2倍和12倍。氢气泄漏距离火源较近的情况下，不容易产生爆炸。只有在达到13%的浓度时，氢气才会在不点火的情况下且具有着火源时才会产生爆炸。工程中都会安装警报探测器和排风扇来调整氢气浓度，当然，这种措施只适合氢气浓度在着火下限的情况下才有用，若氢气浓度达到13%~18%时，这种安保措施远远达不到要求，不过这种浓度的氢气情况也较为少见。爆炸时，氢气的单位能量越低，其爆炸能也越低。从单位体积来看，汽油气的爆炸能是氢气的22倍。

相对于其他燃料来说，不管是扩散力、浮力还是爆炸下限，氢气都是最安全的，不过其不足在于具有较高的燃烧速度。因此，可以如此定义氢气的爆炸特性：和其他燃料相比，氢气是不容易产生爆炸的一种。当然这是针对爆炸下限以下的情况来说的，若是达到爆炸下限的时候，也最易产生爆炸。

（三）燃料电池电动汽车的氢安全措施

1．供氢系统的氢安全措施

安全有效的供氢系统的设计是确保燃料电池汽车安全可靠运行的基础和前提。为燃料电池提供稳定压力的氢气也是供氢系统的主要作用。除此以外，还起到过压、过流和过温保护的作用，而且还可以很好地控制、检测氢气泄漏、碰撞安全等问题。所谓过压保护是指将过压泄放装置安装在车载供氢系统中，当系统内的压力比安全值高时，就会自动泄压，确保系统在安全值的范围内运作。过流保护是指将过流保护装置安装在系统内，若出现流量大于安全值的情况，就会停止供应氢气。过温保护是指将过温保护装置安放在系统内，若是出现氢气温度超过安全值的情况，则系统会通过自动泄气的方式来缓解温度，防止安全隐患的产生。低压报警是指系统会检测储氢容器中的压力，出现压力过低的情况时会自动报警，以提示驾驶员加氢。碰撞传感器也是燃料电池汽车必须具备的，这样可以防止车辆碰撞时产生安全隐患；

氢泄漏检测传感器可以对车辆发生的氢泄漏进行自动检测，并给予驾驶员相应的警示。

设计整车系统过程中，应该保持储氢容器和氢管路的通风，确保在面临氢气泄漏时可以及时将氢气扩散，并减少隐患。当然，稳定可靠性也是对供氢系统的基本要求，避免损坏和移位的发生，同时还要确保储氢容器和车边缘的安全距离。

在选择零部件材料时也要考虑到其氢脆等情况的存在，而要求严格选材，这样才能确保其储氢系统的安全性和稳定性。目前，较为普遍采用的是塑料内胆和铝内胆纤维的高压储氢罐，它的优势在于具有较高的质量储氢密度和较轻的重量，从而降低了氢脆问题，其应用前景是非常利好的。现在，高压储氢罐可以承受的工作压力达到 70MPa。

氢系统管路可以承受 35MPa 的高压段压力，并且能够有效地进行压力冲高工作，所以应该选择合适的材料来设计氢系统管路。一般来说，应用比较普遍的材料有 316 不锈钢材质，该材料在 85℃、45MPa 的氢气环境中具有很多优势之处，如较好的疲劳裂纹扩展性能、较低的应变速率拉伸性能和较好的拉伸性能等，总体来说，316 不锈钢的抗氢脆性能是非常良好的。

一般来说压力传感器、气罐电磁阀、温度传感器以及气罐安全阀等都是燃料电池客车供氢系统中必备的。

一般在氢气罐上会安装温度传感器，可以检测气罐内的气体温度；驾驶室仪表盘上可以接收到气罐气体的温度信号，并对异常情况进行相应的反应。比如当气体温度上升很快时，则有可能导致氢气罐发生火灾危害。

判断罐中氢气剩余量需要用到压力传感器。驾驶员在接收到压力传感器指示压力低于某个给定值时就需要进行加注氢气操作。同时，还可以对氢气罐是否出现泄漏进行判断。

使用气罐安全阀有利于系统安全性的提升。气罐安全阀在检测到罐内压力高于安全值时，会采取自动泄压的措施，这样可以确保气罐的安全使用。

气罐电磁阀一般是和手动截止阀配合工作的。手动截止阀在气罐电磁阀正常运行时会处于常开状态，在直流电源驱动下的电磁阀可以调节气罐的开关；气罐的电磁阀处于关闭状态时，氢气泄漏报警系统也会启动，若出现泄漏，可以自动检测并关闭氢气供给；当然，手动截止阀还具有当气罐电磁阀失效时关闭氢源的作用。

加气口一般是连接加气机的，它可以过滤颗粒并配有单向阀，还需要连接电气开关、电气接头并需要距离火源 20mm 以上。若供氢管路或者加气口出现问题，可以利用单向阀来阻止气体的泄漏，从而延长加气口的使用时限。

在给气罐充气的过程中，管路电磁阀的作用是可以避免电池中进入气体。减压阀主要用于对电池的压力进行调节，出现危险情况时，可以通过针阀来放空氢气瓶中的残余气体。系统在正常运行时，溢流阀往往处于关闭状态，当出现负载运行时，则会自动开启，对系统进行保护，确保系统在压力范围内进行工作。为了避免管路中的杂质影响燃料电池，起到保护电池的作用，则必须要安装过滤阀。

2. 防止氢泄漏措施

氢气的少量泄漏会发生在燃料电池汽车的启动、行车及停车等过程中，为此需要对氢排放和泄漏因素进行考虑，确保将其控制在安全范围内。因此，应该将氢泄漏传感器设计在合理的点上，以便对氢泄漏浓度进行实时监测。一般来说，开放空间的氢气浓度不能超过 75% LFL（着火下限），而密闭空间如乘客舱等的氢气浓度不能高于 50% LFL。当浓度大于这些安全值时，氢泄漏传感器就会发出警报。从氢排放的角度来说，应该控制氢排放口 100mm 气流中心线上的氢排放浓度不能高于 75% LFL，若高于这个值，则需要考虑设计氢气稀释装置或者减少氢气排放量等。同时出于安全性考虑，需要将燃料电池汽车的导体外壳连接大地，这样可以避免产生静电，从而阻断氢气燃烧。

燃料电池轿车中会在后舱邻近乘员舱的位置安放氢罐，前舱放置燃料电池，乘员舱下放置氢管路等。考虑到燃料电池轿车的储氢系统需要，需要安装四个氢泄漏传感器，即 HL1、HL2、HL3 和 HL4，其位置分别在前舱、乘员舱、后舱以及排气管上。由此设计也可以得知，氢气管路的分布是基于轿车的氢气泄漏检测要求而进行的。对燃料电池堆排出的混合气体中的氢气浓度检测主要由氢泄漏传感器 HL4 来完成。轿车的乘员舱、前舱以及后舱的氢气泄漏检测则分别由其他几个氢泄漏传感器来完成。由氢管理单元统一管理氢泄漏传感器，只要有一个地方的数值超过极限，就会引起自动警报，并操作相应措施。HMU 包括三级的氢泄漏报警，一是轻度泄漏报警，主要是针对空气中氢气浓度在 1‰ 以上的情况，它会警示驾驶员有氢气的轻度泄漏；二是中度泄漏报警，当空气中的氢气浓度超过 5‰ 时，会发出中级氢气泄漏警报，以警示驾驶员注意并尽快检查和排除泄漏；三是紧急泄漏报警，若空气中的氢气浓度超过 1‰ 时，会出现这一级的警报，并会自动切断氢路供给。

3. 氢安全管理措施

燃料电池汽车氢管理的核心部分是氢安全主动监控系统。这个系统中的核心部分是氢气管理控制单元，此外还需要装置氢泄漏传感器、温度传感器、压力传感器、电磁阀以及蜂鸣器等。正常运行情况下，氢管理系统是联系整个车辆控制系统的，其氢气电磁阀的开关和闭合也由这些元件进行控制，并在产生氢泄漏时进行自动警示。氢系统安全管理、氢泄漏安全管理和氢系统故障管理等都是氢管理系统的主要功能（图 2-11）。

（1）**氢系统安全管理** 氢气管理控制单元可以对氢瓶内的压力、管路压力及温度等数值进行实时监测，以确保系统的安全运行，出现过高和过低的氢瓶及管路压力、温度的情况下，系统都会自动报警。当氢瓶压

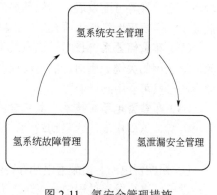

图 2-11 氢安全管理措施

力过高时，则不能进行加氢操作；若压力过低，则需要停止氢气的供给。而且车辆在进行加氢过程中，氢管理系统也会将这一状态传递到整车控制器，以便及时地关闭燃料电池系统、高压电系统以及车载动力系统等。

（2）氢泄漏安全管理　应该将氢泄漏传感器安放在车辆中容易发生氢泄漏的部位，这样有利于提升氢泄漏检测的可靠性和安全性。给车辆供氢的过程中，氢管理系统会基于氢泄漏的浓度值实施关闭和开合的操作。加氢操作时，也应该对氢浓度进行检测并执行停止或者继续加氢的操作。

（3）氢系统故障管理　氢系统故障管理不但可以完成检测和通信功能，还可以对各种传感器、蜂鸣器、电磁阀的运行状况进行检测并排除故障等。若出现零部件和通信故障的情况，氢系统故障管理则会执行相应的操作或者命令等。

五、燃料电池电动汽车的技术

燃料电池电动汽车的技术如图2-12所示。

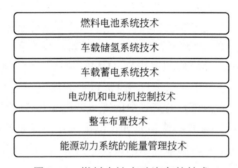

图2-12　燃料电池电动汽车的技术

（1）燃料电池系统技术　对于燃料电池电动汽车来说，想要不断发展，突破原有科技，需要对燃料电池进行深入的研究。在降低其成本的基础上需向耐低温、高功率、耐用性等方面发展。不管其如何发展，降低成本永远是研究的方向，想要降低成本，需要逐步降低各项人工费、材料费等和成本有关的各项费用。

（2）车载储氢系统技术　储氢技术主要是针对氢能源汽车进行研发的，是氢能源广泛应用的关键。当前，氢能源储存多使用高压、低温方式，在进行金属氢化物储存的时候可会用到氢能源。

（3）车载蓄电系统技术　其包含的方面非常多，常见的有铅酸、镍氢、锂离子蓄电池等，这些电池的容量均较大，可以供日常需求，下面对此类蓄电池进行简单介绍。

① 铅酸蓄电池。铅酸蓄电池存在缺点，比如充电时间过长、功率较低等，因此在后期电动汽车发展过程中将逐渐淘汰此类电池。

② 镍氢蓄电池。相对来说镍氢蓄电池的功率更大，在对蓄电池充电的时候速度

更快,相对来说更加耐用,具有较高的性能,因此被广泛应用。当前很多电动汽车所用的蓄电系统便是镍氢蓄电池,相对来说,对环境的污染也较小。

③ 锂离子蓄电池。锂离子蓄电池的优点非常明显,首先其输出功率较高,且比能量大,可以循环使用;其次在放电的时候也非常迅速,未来有很大发展空间。

(4) **电动机和电动机控制技术** 对于燃料电池电动车来说,驱动电动机是主要动力来源,想要在后期占用较大市场资源需要不断提升整体功率,增加转速,适当减少其体积也可以增加其市场占有率。目前常见的驱动电动机主要包含两类:感应电动机与永磁无刷电动机。其中相对来说永磁无刷电动机的优势更大,在未来发展过程中更有潜力。其体积、惯性能更小,功率、响应速度等更大、更快。

(5) **整车布置技术** 燃料电池电动汽车的整车布置还是存在很多问题,其中常见的主要有三个:第一,发动机和电动机如何布置的相关问题;第二,动力电池组和相关氢气瓶如何布置以及相关的安全问题等;第三,车身整体高压电如何布置更加安全等。

(6) **能源动力系统的能量管理技术** 能量管理策略一直是人们在研究的问题,直接影响着人们的经济生活。燃料电池电动汽车的各项参数以及行驶过程中是否流畅等,均受能量管理策略的影响。想好让输出能量合理化,需要对其进行合理分配,涉及分配问题就会有相应的限制条件出现,因此需要逐步克服这些限制条件。可以根据整体变量状态进行功率分配,常见的分配策略主要有两种,分别是瞬时策略和非瞬时策略。

六、燃料电池电动汽车的优势

氢能不仅高效,而且属于洁净能源,对于环境的污染较小,因此在能源选择过程中很多人将其作为首选。随着科技的不断发展,氢能源电动汽车也逐渐进入大家的视野,随着对其不断研发,目前已经取得了很大进步,大幅降低了空气污染,同时还可以节约汽油等有限能源。对比燃油汽车,燃料电池电动汽车有很多优点(图 2-13)。

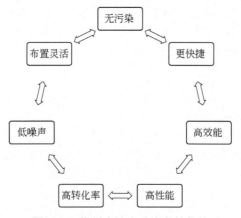

图 2-13 燃料电池电动汽车的优势

（1）无污染　燃料电池属于清洁能源，在提供能源过程中不会出现化学变化，氢气燃烧主要产物为水，所产生的水是无污染的；而使用汽油燃烧提供动力的汽车则会有二氧化碳产生，虽然排放量不高，但是也会影响整体气候。

（2）更快捷　燃料电池在燃料补充时更加快捷，且对比纯电动汽车来说，其行驶的稳定性以及行驶时间更长。纯电动汽车想要行驶，主要是电能转化为动能，但是电能储备过程所用的时间较长，即使充满电，整体的行驶里程也较短。燃料电池电动汽车添加燃料的过程与汽油汽车类似，速度快且续航长，在行驶里程方面甚至比汽油汽车更长。

（3）高效能　燃料电池汽车的效能更高，其能源利用率更高，燃烧更充分。在能量输出时效率高，速度快。辅助再生制动系统和辅助电池的使用还可以提高其利用效率。

（4）高性能　燃料电池在进行电力输出时更加稳定，且可以不间断工作。辅助高性能电机可以高效增强其整体的动力性能，为汽车行驶保驾护航。

（5）高转化率　燃料电池想要为汽车提供能量，需要将其中的化学能转化为电能，在转化过程中效率更高，通常情况下转化效率不会低于50%。

（6）低噪声　燃料电池在能量转化过程中属于静态转化，在汽车行驶过程中多为空气压缩机和冷却部位工作，产生的噪声更低，可以有效缓解空间噪声污染。

（7）布置灵活　在空间和重量上都可对燃料电池组、电动机、辅助设备等部件进行灵活的布置。

新能源汽车驱动电机及其管理系统

第一节 驱动电机与性能检测

一、常见的驱动电机

（1）**特斯拉电机** 特斯拉电动汽车的动力来源是三相感应电机，虽然体积不大，但缠绕线性非常好，还可以将阻力降到很低，同时降低能量损耗。加速、制动、减速等需求经过高性能信号处理器后会成为数字信号。而直流电与交流电之间得到转换，依靠的是控制转动变频器。

（2）**比亚迪电机** 比亚迪电动汽车使用的是交流无刷永磁同步电机，由定子和转子共同组成，其额定功率和最大功率分别为 75kW 和 120kW。电机会在车辆准备行驶之前利用旋转变压器定位自己的位置，控制器 IGBT 接收到位置信号后，会根据逻辑信号控制开、断。电机为汽车提供了动力，汽车的前进与后退依靠的就是电机输出的转矩。此外，当汽车在制动、高速滑行及高坡下滑时，电机会将这些势能或动能作为电能储存下来。

（3）**荣威 E50 电机** 荣威 E50 电动汽车使用的电机是交流同步电机，电机总成采用 DEXRONHP 油冷的方式冷却。定子是由三相绕组构成的回路，三相绕组分别为 U/V/W，以 Y 形方式连接。Y 形方式连接的特点是每个回路都连接在同一个端点，车辆的高压电缆分别连接到电机的每个绕组上。

驱动/发电电机转子的两端都由轴承支撑，定子产生磁场，并推动转子实现顺时针或逆时针的转动。

二、驱动电机的性能检测

（一）驱动电机的性能评价参数测量

驱动电机通常都有两类定量参数。

① 电量参数：电压、电流、功率、频率、相位、阻抗、介电强度、谐波。

② 性能参数：转速、转矩、温度、噪声、振动。

通过这些参数，可以了解到电机运行时的工作特性，对被测电机进行性能评价。

1. 电机电量参数测量

通过对电压、频率、电流、相位以及功率等数据的测量，就可以得出电机的电量参数。测量要依靠相关电子测量仪器，通常都是电压表、功率表、电流表以及频率表等不同的仪表。但事实上，现在已经有了十分成熟的电流参数测量技术，只需要通过功率分析仪或功率计就可以测量出所需的参数。

功率分析仪能够对电压、频率、电流以及相位进行高精度的测量，它同时具备了电压表、功率表、电流表以及频率表的功能，可以同时测量出不同的电机电量参数，而且非常精准。

针对这些电量参数的测试，测试仪器有对应的测试指标，如精度、带宽、采样率等，测试人员在选择测试仪器时要注意仪器的指标是否满足自身需要与相关测试标准要求。

2. 电机性能参数测量

电机性能的测量参数有负载特性测试、T-N 曲线的测试、耐久性测试（图 3-1）。

（1）负载特性测试

① 测试目的：负载试验的目的是确定电机的效率、功率因数、转速、定子电流等。

② 测试方法：用伺服电机给被测电机加载，从 150%额定负载逐步降低到 25%额定负载，在此间至少选取 6 个测试点（必包含 100%额定负载点），测取其电压、电流、功率、转矩、转速等参数并进行计算。

③ 测试依据标准：《三相永磁同步电动机试验方法》（GB/T 22669—2008）第 8 章负载实验；《三相异步电动机试验方法》（GB/T 1032—2012）第 7 章负载特性实验。从负载特性作用上看，主要是针对不同负载情况下电机特性的测试，保证电机在不同适用场合下仍能保持良好的运行状态，

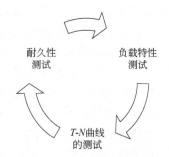

图 3-1　电机性能参数测量

保证电机质量，提高效率。

（2）$T\text{-}N$ 曲线的测试

① 测试目的：描绘出电机的转速、转矩关系特性曲线。

② 测试方法：通过控制被测电机的转速，测量从 0 转速到最高转速下，在不同转速点能输出的最大转矩，绘制出其关系曲线。根据不同转速对应下的转矩来判断电机基本特性，直观地表现电机运行性能，更好地评估电机的运行状态。

（3）耐久性测试 在测试软件中，可由用户设定电机按某个测试方案来进行耐久测试，如设定被测电机以 80%的额定转速运行 10min，之后暂停 5min，再以 120%的额定转速运行 10min 等。测试该运行过程中的电压、电流、效率、转矩、转速等关键信息。

（二）驱动电机的性能检测方法

（1）测量定子绕组的冷态直流电阻 将电机在室内放置一段时间，用温度计测量电机绕组端部或铁芯的温度。当所测温度与冷却介质温度之差不超过 2K 时，即为实际冷态。记录此时的温度和测量定子绕组的直流电阻，此阻值即为冷态直流电阻。具体实现方法有伏安法、电桥法等。在实际应用场合，可以使用万用表来进行伏安法的测试。

（2）三角接法的测量方法 采用三角接法的测量方法时，只需一相绕组短接，测量一相得到的数据是线电压和线电流，可以得出空载实验的空载阻抗。

第二节 驱动电机的拆卸与安装

一、荣威 E50 驱动电机拆装

（一）驱动电机拆卸

① 打开主驾驶车门，铺设脚垫，套上转向盘套、座椅套。

② 断开点火开关，拔出车钥匙。

③ 打开发动机罩开关，打开发动机罩，固定支架，铺设翼子板布。

④ 用 10mm 套筒松开低压蓄电池负极螺栓，断开蓄电池负极线，并固定好蓄电池负极线，使用绝缘胶带包裹，防止工作时负极线与蓄电池重新连接。

⑤ 打开驱动电机冷却液膨胀箱盖。

⑥ 拆卸底部导流板。

⑦ 断开散热器软管到水泵上的卡箍。

⑧ 慢慢拔出软管，排空冷却液。

⑨ 拆卸维修开关盖板。用内饰拆卸工具松开中央扶手面板；抬开控制面板，用

十字螺丝刀拆下面板下的螺钉；取出杯托底部减振垫，拆下杯托底部螺钉；取出杯托面板；掀起维修开关上部的盖板。

⑩ 检查并佩戴绝缘手套。检查绝缘手套外观有无明显磨损痕迹；检查绝缘手套密封性，方法为卷起手套边缘，折叠开口，并封住手套开口，向手套内吹气，确认有无空气泄漏，用同样的方法检查另一个手套；确认密封良好后，佩戴绝缘手套。

⑪ 拆下维修开关。按住维修开关卡扣，微微向上掀起维修开关把手，垂直向上拿出，拆下手动维修开关；等待 5min。

⑫ 打开保护盖。

⑬ 用 13mm 套筒拆下固定到 PEB 上的两个螺母，并断开。

⑭ 断开 PEB 低压连接器。

⑮ 用 T30 套筒对角拆下 PEB 上的 7 根螺栓。

⑯ 用一字螺丝刀轻轻翘起 PEB 盖板，并取下 PEB 盖板。

⑰ 将万用表调至直流电压挡，测量高压线束端子间电压。

⑱ 测量高压线束端子与搭铁之间的电压。

⑲ 用交流电压挡，测量 U/V/W 三相线束端子间的电压。

⑳ 测量 U/V/W 三相线束端子与搭铁之间的电压。

㉑ 用 10mm 长套筒拆下 3 根驱动电机线束螺栓。

㉒ 使用漆笔在线束上做好标记。

㉓ 取下电机线固定到 PEB 外壳上的 6 根螺栓。

㉔ 拔出 W/V/U 线束。

㉕ 拆下两根 PEB 高压线束固定螺栓。

㉖ 使用漆笔在线束上做好标记。

㉗ 拆下 PEB 高压线束固定在 PEB 外壳上的 4 根螺栓，并拆下固定 PEB 的 4 根螺栓。

㉘ 松开水泵到 PEB 软管上的卡箍，并断开软管。

㉙ 取出电机控制器。

㉚ 拆下前保险杠塑料盖板的 4 个开尾销。

㉛ 拆下内侧的两个开尾销。

㉜ 取下前保险杠塑料盖板。

㉝ 拉开扣手，打开快速充电口。

㉞ 用 10mm 套筒拆下快速充电口小门上的螺栓。

㉟ 取下快速充电口保护盖。

㊱ 拆下两个开尾销。

㊲ 用 10mm 套筒拆下拉索固定螺栓。

㊳ 取下快速充电小门总成。

㊴ 拆下前轮罩连接的 4 个螺钉。

㊵ 拆下前保险杠固定到车身底部的 5 个开尾销。

㊶ 断开左前雾灯、右前雾灯连接器。
㊷ 断开碰撞传感器连接器。
㊸ 拆下前保险杠固定在横梁上的 4 个螺栓。
㊹ 拆下车轮侧连接螺钉。
㊺ 拆下前保险杠。
㊻ 用 7mm 套筒，对角拆下高压配电单元上盖的 6 根螺栓。
㊼ 取下高压配电单元上盖。
㊽ 用 10mm 套筒拆下高压配电单元线束的固定螺栓。
㊾ 使用记号笔在壳体及线束端做好标记。
㊿ 拔出 3 根高压配电单元线。
(51) 断开左侧高压互锁连接器。
(52) 断开空调压缩机线束连接器锁止开关。
(53) 断开空调压缩机线束连接器。
(54) 断开右侧高压互锁连接器。
(55) 断开加热器线束连接器锁止开关。
(56) 断开加热器线束连接器。
(57) 用 8mm 套筒拆下固定快速充电口支架螺栓。
(58) 用 10mm 套筒拆下快速充电口的两个螺母。
(59) 拆下快速充电口低压连接器。
(60) 用 10mm 套筒拆下快速充电口固定到水箱横梁上的两个螺栓。
(61) 拆下快速充电口底部螺栓。
(62) 将快速充电口支架与水箱横梁分离。
(63) 断开快速充电口线束的卡扣和扎带。
(64) 拆下快速充电口固定搭铁线螺栓。
(65) 抽出快速充电口搭铁线。
(66) 拆下高压配电单元上的电机线固定卡钉。
(67) 对角拆下高压配电单元总成固定螺栓。
(68) 取出高压配电单元。
(69) 用 8mm 长套筒拆下电池膨胀水箱固定螺栓。
(70) 用 14mm 套筒拆下高压配电单元托盘螺栓。
(71) 取出托盘。
(72) 用 10mm 长套筒，拆下熔断器上两根正极螺栓及熔断器固定螺栓。
(73) 拨开熔断器固定卡子。
(74) 拔出熔断器上的 6 个连接器。
(75) 取出熔断器。
(76) 拔下线束卡夹，移开低压线束。
(77) 使用 8mm 长套筒拆下熔断器底座上的 3 个螺栓。

㉘ 取出熔断器底座。
㉙ 使用绝缘胶带将低压正极线束金属部分包裹。
㉚ 使用 8mm 套筒拆下驱动电机线支架螺栓。
㉛ 取出线束支架。
㉜ 拆出冷却液膨胀水箱,放置一旁。
㉝ 用 13mm 套筒拆下横梁两侧固定螺栓。
㉞ 取出低压蓄电池。
㉟ 拆下蓄电池底部支架固定螺栓。
㊱ 取出蓄电池盒支架。
㊲ 取出 PEB 横梁。
㊳ 拆下 2 个螺栓,从减速器上断开换挡操作机构拉锁。
㊴ 松开卡箍,从电机上断开散热器到电机软管的连接。
㊵ 从电机上拆下蓄电池负极搭铁线电缆。
㊶ 断开电机旋变线束连接器。
㊷ 拆下将驱动电机固定到减速器上的 4 个螺栓。
㊸ 安装吊环。
㊹ 将锁链与起吊机相连。
㊺ 拆下将驱动电机固定到减速器上的 2 个螺栓。
㊻ 拆下固定在车架上的电机机爪螺栓。
㊼ 取出电机机爪。
㊽ 清理电机周围线路及管路,慢慢将驱动电机吊出机舱。

(二)驱动电机安装

① 用起吊机将驱动电机慢慢吊入机舱。
② 安装驱动电机固定在减速器上的 2 个螺栓。
③ 将驱动电机机爪放入连接位置,安装电机机爪固定在车架上的 2 个螺栓。紧固电机机爪固定在车架上的 2 个螺栓,力矩为 90~110N·m。紧固固定在电机机爪上的 3 个螺栓,力矩为 55~65N·m。紧固驱动电机固定在减速器上的螺栓,力矩为 26~30N·m。
④ 降下起吊机,拆除固定锁链。
⑤ 拆下吊环,将蓄电池负极线固定到电机上,并紧固。
⑥ 安装驱动电机固定在减速器轴心结合面的 4 个螺栓,拧紧力矩为 26~30N·m。将散热器软管连接到电机上,并用卡箍固定。安装电机旋变线束连接器。
⑦ 将换挡操作机构拉锁固定到减速器上。
⑧ 安装 PEB 横梁,将 PEB 横梁固定在车身上。
⑨ 安装蓄电池盒支架,并紧固底部螺栓。
⑩ 安装 PEB 横梁两侧螺栓,拧紧力矩为 19~25N·m。将膨胀水箱固定到支架

上；将驱动电机线支架固定到 PEB 横梁上，紧固 2 个螺栓。

⑪ 将电机高压线固定到 PEB 横梁上。

⑫ 将车身低压线束固定到 PEB 横梁上；将熔断器固定到横梁上；将车身低压线束卡锁在熔断器内，并安装蓄电池；连接熔丝线束接插件，将熔断器嵌入支架。

⑬ 解开蓄电池正极包裹的绝缘胶带，并安装两个端子到熔断器上，安装固定熔断器的 3 个螺栓，并紧固。

⑭ 安装熔断器保护盖，将 PEB 托盘固定到车身上，并紧固螺栓。

⑮ 将膨胀水箱固定到 PEB 托盘上，并紧固螺栓，安装高压配电单元。

⑯ 紧固 4 个螺栓，力矩为 7~10N·m；将驱动电机线束固定到高压配电单元上，卡紧 3 个塑料卡箍；安装高压配电单元线束的 3 个螺栓，紧固力矩为 20N·m。

⑰ 安装高压配电单元上盖，安装并紧固 6 个螺栓。

⑱ 安装右侧加热器线束，连接右侧高压互锁连接器。

⑲ 连接左侧电空调压缩机线束连接器，连接左侧高压互锁连接器。

⑳ 安装并紧固快速充电口支架螺栓，紧固力矩为 20N·m；将快速充电口固定导槽固定到水箱横梁上，并紧固螺栓。

㉑ 将快速充电口搭铁线固定到车身上，并紧固螺栓。

㉒ 使用扎带固定快速充电口线束，安装快速充电口低压线束连接器。

㉓ 安装前保险杠总成，安装保险杠固定螺栓，并紧固。

㉔ 安装前保险杠连接翼子板的两侧螺钉；安装前轮罩固定到保险杠上的 4 个螺钉。

㉕ 安装前保险杠底部的 5 个开尾销；安装前碰撞传感器连接器；安装右侧雾灯连接器；安装左侧雾灯连接器。

㉖ 将拉索固定到快速充电口小门总成上，紧固 2 个螺栓。

㉗ 将快速充电保护盖固定到车身前端，并紧固螺栓；安装两个开尾销；紧固快速充电保护盖螺栓；关闭快速充电保护盖。

㉘ 将驱动电机高压线束固定到高压配电单元上。

㉙ 安装驱动电机控制器 PEB。将 PEB 固定在托架上，紧固螺栓，拧紧力矩为 20N·m。

㉚ 将 3 根驱动电机线束固定到 PEB 外壳上，并紧固螺栓。

㉛ 将 3 根驱动电机线束端子固定到 PEB 中，并紧固螺栓，拧紧力矩为 20N·m；将 PEB 线束的 2 个端子塞进 PEB 中，并紧固螺栓；将 PEB 线束的 2 个端子固定到 PEB 中，并紧固螺栓，拧紧力矩为 20N·m。

㉜ 将 PEB 盖板固定到 PEB 上，并对角紧固螺栓，拧紧力矩为 10N·m。

㉝ 将 2 根蓄电池接线固定到 PEB 上，并紧固螺栓，拧紧力矩为 22N·m。

㉞ 安装保护壳；连接 PEB 低压连接器。

㉟ 安装前保险杠塑料盖板；安装开尾销固定前保险杠塑料盖板。

㊱ 安装 PEB 到电机之间的软管，并用卡箍固定；安装 PEB 到水泵之间的软管，并用卡箍固定。

㊲ 安装底部导流板。

㊳ 安装手动维修开关；锁止维修开关卡扣。

㊴ 安装杯托面板。

㊵ 紧固面板下的螺栓；安装控制面板。

㊶ 安装杯托底部螺钉；放入杯托底部减振垫。

㊷ 连接并紧固蓄电池负极电缆。

㊸ 拧开驱动电机膨胀水箱盖，加注冷却液至上限位置。

㊹ 安装驱动电机膨胀水箱盖。

二、北汽 EV160 驱动电机拆装

（一）驱动电机拆卸

① 拆卸前，需断开电机控制器高压电源。

② 拧松动力线缆固定螺钉并拔下线缆，拔下旋转变压器、温度连接插座。

③ 给电机壳体进行外部支撑后，松开并取出固定螺栓，将电机取下。

④ 因该电机转子含有磁体，需要专用工装夹具才能拆机，否则会造成电机严重损坏而无法修复。无论是否在保修期内，电机如有问题，应联系供应商返回制造厂维修。

（二）驱动电机安装

① 进行机械安装，整个安装过程根据整车厂的装配工艺进行。

② 电机壳体上的吊环用于对电机的吊装及搬运，安装完成后，可取下，并妥善保存，在维修、更换时继续使用。

③ 然后进行水路安装，将水管分别与电机进、出水口连接，水管采用金属卡箍束紧。完成后，检查冷却系统是否畅通无阻，连接是否可靠，通水时应无滴漏现象。如存在问题，需查找原因并解决。

④ 最后依照系统连接图，接入动力线缆，接入旋转变压器及电机温度连接插座，完成电气的连接。

第三节　驱动电机与控制器冷却系统检修

一、驱动电机与控制器冷却系统主要的作用

电机（也称电动机）作为电动汽车驱动装置可实现极低排放或零排放。电机定

子铁芯以及定子绕组在电动汽车驱动与回收能量时会有所损耗。在这个过程中会产生热量，为了让电机能够随时处在一个通风、冷热循环平衡的环境中，保证其安全性，就需要用冷却介质带走这些热量。电机能否安全运行及其使用寿命的长短完全取决于电机冷却系统。

电动汽车驱动电机与控制器的冷却系统的主要工作原理是：管道中的冷却液会在冷却水泵的作用下反复流动，再利用散热器的物理作用，使电机与控制器得到冷却。此外，还可以将风扇置于散热器后方增强散热器的效果。

二、驱动电机的散热类型分析

电机在能量转换的过程中会将产生的损耗转化为热量，这些热量散发出去的过程即为冷却。自然冷却、风冷以及水冷都是冷却电机常用的方式（图3-2）。

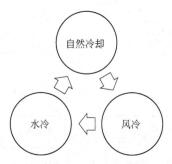

图 3-2　驱动电机的散热类型

（1）**自然冷却**　电机铁芯自身散发的热量可以通过机壳表面进行传递，从而完成自然冷却。机壳表面在增加冷却筋之后可以扩大散热面积，提高散热效率。自然冷却无须任何辅助设施，结构十分简单，但冷却效率并不高，只有电机发热量不大、负载转矩小以及转速不高的小型电动机才适合采取自然冷却的方式。

（2）**风冷**　风冷利用的是电风扇散热，电机自带的同轴风扇会带走自身产生的热量，空气就是这一过程中吸收热量的介质。循环空气冷却器能够有效延长电动机的使用寿命，因为它不会产生腐蚀物和磨粒。风冷的结构并不复杂，无须较高的电机冷却成本，冷却效果也很好。但其不足之处在于容易受到环境的影响，只有在没有腐蚀、爆炸以及较为清洁的环境中才适合采用。也就是说，在粉尘、高温以及污垢的工业环境中是不能使用风冷的。

（3）**水冷**　水冷是指利用循环于管道中的水将定子或转子产生的热量带走，进而达到冷却电机的目的。相比于风冷，水冷的效果更好，不会有热量散发出来。但水冷对机械的密封要求较高，因为水循环系统有着十分复杂的结构，会有渗漏的危险，而水渗漏会破坏电机的绝缘，导致电机被烧毁。此外，水冷对水质也有要求，其硬度、电导率以及 pH 必须符合相应的标准。冶金、纺织或是造纸等行业都会使用水冷，因为这些行业存在粉尘、高温、污垢等因素，是不适合使用自然冷却和风冷型电机的。

三、驱动电机与控制器冷却系统的结构原理

（一）荣威 E50 驱动电机与控制器冷却系统

以下分析荣威 E50 电源逆变器（PEB，或称电力电子箱）/驱动电机冷却系统。

1. 驱动电机与控制器冷却系统结构

驱动电机与控制器冷却系统结构如图 3-3 所示。

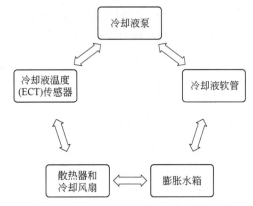

图 3-3　驱动电机与控制器冷却系统结构

（1）**冷却液泵**　逆变器/驱动电机冷却液泵通过安装支架，并由 2 个螺栓固定在前右纵梁上，经由其运转来循环传动系统。

（2）**冷却液软管**　橡胶冷却液软管在各组件间传送冷却液，弹簧卡箍将软管固定到各组件上。逆变器/驱动电机冷却系统软管布置在前舱内。

（3）**膨胀水箱**　逆变器/驱动电机冷却系统配有卸压阀的注塑冷却液膨胀水箱，逆变器/驱动电机冷却系统膨胀水箱安装在右纵梁右悬架前部，溢流管连接到散热器左水室顶部，出液管连接到逆变器/驱动电机冷却液泵上。

（4）**散热器和冷却风扇**　散热器都是一个两端带有注塑水箱的铝制横流式结构。散热器的下部位于紧固在前纵梁的支架所支承的橡胶衬套内。散热器的顶部位于水箱上横梁支架所支承的橡胶衬套内，支承了冷却风扇总成和空调（A/C）冷凝器。空调（A/C）冷凝器安装在散热器后部，由 4 个螺栓固定至冷却风扇罩上。冷却风扇和驱动电机总成及风扇低速电阻安装在空调（A/C）冷凝器后部的风扇罩上。"吸入"式风扇抽取空气通过散热器。

（5）**冷却液温度（ECT）传感器**　ECT 传感器安装在散热器右侧前部，内含一个封装的负温度系数（NTC）热敏电阻，该电阻与逆变器/驱动电机冷却系统冷却液

相接触，是分压器电路的一部分。该电路由额定的 5V 电源、一个 PEB 控制模块内部电阻和一个与温度相关的可变电阻（ECT 传感器）组成。

2. 驱动电机与控制器冷却液的循环

冷却系统利用传导原理，将热量从逆变器/驱动电机组件传递到冷却液中，再从逆变器/驱动电机组件传递到散热器上，通过冷却风扇吹动气流，将热量传递到大气中。当系统处于较低温度时，冷却液泵不工作。当温度上升后，冷却液泵工作，冷却液经过软管流入散热器内，散热器将热量散发到空气中，使逆变器/驱动电机组件保持在最佳的工作温度。

由热膨胀所产生的多余冷却液经过散热器顶部的溢流管返回到膨胀水箱中，同时膨胀水箱消除冷却液中的气体。膨胀水箱有一根出液管连接到冷却液回路中，当循环冷却系统中冷却液冷却收缩或循环冷却系统中冷却液不足时，膨胀水箱中的冷却液会及时补充到循环系统中。

膨胀水箱盖的额定压力可达到 140kPa，它可以分离冷却系统与外界大气。当温度上升时，冷却液会发生膨胀，这不仅会增加冷却系统的压力，还会提升冷却液的沸点，从而为逆变器/驱动电机组件提供最佳的运行温度。卸压阀是膨胀水箱盖安装的必要零件，因为冷却系统能够承受的压力是有限的，当压力过大时可以通过卸压阀进行释放。

冷却液的流经路径是由右侧上部水室至中间的散热器，再到左侧底部水室。ECT 传感器会实时监测冷却系统的温度并将信号发送给逆变器，同时对冷却风扇进行控制。冷却液温度信号最终会传递到组合仪表上，中间会经过逆变器和 CAN 总线。当冷却液温度过高时，组合仪表会亮起警示灯，从而给驾驶人以相应的提醒。

3. 驱动电机与控制器冷却风扇控制

荣威 E50 的冷却风扇采用脉冲调制（PWM，又称占空比控制）。PWM 冷却风扇受 VCU 控制，冷却风扇工作时，VCU 通过 CAN 系统接收来自空调控制模块（ETC/ECU）的信号，控制 PWM 模块使冷却风扇在 20%～90% 的占空比范围内的 8 个挡位的速度工作，以满足不同的冷却负荷要求。

（1）冷却风扇开启条件　冷却风扇开启取决于空调 A/C 和电机逆变器冷却液温度这两个重要因素。当 A/C 开启或逆变器冷却液温度高于 52℃时，冷却液风扇开始工作。

（2）冷却风扇停止工作条件　如果逆变器冷却液温度低于 65℃，并且空调 A/C 关闭，冷却风扇停止工作。点火开关关闭，A/C 关闭，逆变器冷却液温度高于 65℃，冷却风扇继续工作；如果环境温度低于 10℃，冷却风扇会工作 30s，环境温度高于 10℃，冷却风扇会工作 60s。

4. 逆变器/驱动电机冷却系统控制

逆变器的工作温度不能超过 75℃，最合适的工作温度应该低于 65℃。将温度控制在 75℃以下可以更好地延长逆变器和驱动电机的使用寿命。逆变器开始工作时，电动冷却液泵会立即打开，冷却液温度传感器向空调控制模块（ETC）提供温度信号。逆变器计算冷却液温度，将它与逆变器冷却温度传感器信号进行比较，从而判断是否需要使用逆变器冷却液温度传感器。

(二) 比亚迪E6驱动电机与控制器冷却系统

比亚迪E6驱动电机与控制器采用的冷却系统是闭式水冷循环系统,冷却液介质为乙二醇型冷却液。

(1) **比亚迪E6电机与控制器冷却系统组成部件** 比亚迪E6电机与控制器冷却系统由散热器总成、电子风扇总成、电动冷却液泵总成、冷却软件等组成。

(2) **比亚迪E6冷却系统工作原理** 比亚迪E6车型电机与控制器冷却系统由电动冷却液泵提供动力,低温冷却液通过管路由散热器流向待散热元件(电机控制器、DC/DC转换器、电机),冷却液在待散热元件处吸收热量后,再通过冷却管路流经散热器进行散热,之后进行下一个循环。电子风扇总成采用吸风式双风扇,通过串联调速电阻的方式来实现风扇的高低速挡分级,从而降低风扇噪声,提高整车的舒适性。

(三) 比亚迪秦驱动电机与控制器冷却系统

比亚迪秦混合动力汽车的冷却系统由发动机冷却系统和驱动电机冷却系统组成。发动机冷却系统与传统涡轮增压车型冷却系统一样,冷却液温度为90~100℃,允许最高温度110℃。驱动电机与控制器采用独立的冷却系统,用于电机与控制器的冷却,是通过单独的电动冷却液泵驱动冷却液实现独立的循环系统,它由散热器、电子风扇、水管、水壶、电机水套、电机控制器、冷却液泵组成。

(四) 北汽新能源驱动电机与控制器冷却系统

北汽新能源纯电动汽车的CC33DB冷却系统的功用是将电机、电机控制器及充电机产生的热量及时散发出去,保证其在要求的温度范围内稳定高效地工作。

1. 驱动电机与控制器冷却系统的工作原理

冷却系统由两个体系构成:冷却液回路和冷却风流道。冷却液在流经MCU、充电机和电机等热源时,热源通过热传导将热量传递给冷却液,高温冷却液通过电动冷却液泵提供的动力流经散热器时将热量通过热传导传递给散热器芯体,冷却空气通过热对流将热量带走,完成换热过程。膨胀水箱在冷却系统中起提高冷却液沸点和提供冷却液加注口两大作用。

2. 驱动电机与控制器冷却系统的电动冷却液泵

电动冷却液泵是冷却液循环的动力元件,其作用是对冷却液加压,促使冷却液在冷却系统中循环,带走系统散发的热量。

(1) **电动冷却液泵的构成** 电动冷却液泵采用的是永磁无刷直流冷却液泵,整个部件中没有动密封,浮动式转子与叶轮注塑成一体。严禁电动冷却液泵在没有冷却液的情况下空载运行,否则将导致转子、定子的磨损,将最终导致冷却液泵的损坏。

(2) **电器接插件** 冷却液泵接插件位于冷却液泵后盖上,接插件为两线,分别为正极和负极。

(3)电动冷却液泵的装配 电动冷却液泵安装在车身右纵梁前部下方,位于整个冷却系统较低的位置;冷却液泵自带橡胶支架,起到降低噪声的作用。通过2个Q1860625六角法兰面螺栓与冷却液泵支架装配,紧固力矩为9~11N·m。

3. 驱动电机与控制器冷却系统的电子风扇

电子风扇的作用是提高流经散热器、冷凝器的空气流速和流量,以增强散热器的散热能力,并冷却机舱其他附件。

电子风扇的结构特性为:C33DB采用左右双风扇构架,采用半径为125mm、6叶不对称结构的扇叶,双风扇分别由整车电源提供输入,根据电机、控制器、空调压力等参数由VCU控制双风扇运行,电子风扇采用两挡调速风扇。

(1)电子风扇电气接插件 电子风扇接插件为四线,高速:两个"+"接正极,两个"—"接负极。低速:两个"+"接正极,一个"—"接负极。

(2)电子风扇装配 电子风扇下部卡接在散热器水室上,上部通过2个Q2736313A(十字槽大半圆头自攻螺钉,F型)装配在散热器水室上,紧固力矩为9~11N·m。

4. 驱动电机与控制器冷却系统的膨胀水箱

膨胀水箱的作用是为冷却系统冷却液的排气、膨胀和收缩提供受压容积,同时也作为冷却液加注口。

性能参数:C33DB膨胀水箱盖开启压力为29~35kPa。

结构特性:膨胀水箱采用PP材料,结构设计满足爆破压力不小于200kPa。

5. 驱动电机与控制器冷却系统的冷却管路总成

(1)材料 冷却管内外胶为三元乙丙橡胶(EPDM),中间层由织物增强,耐温等级为Ⅰ级(125℃),爆破压力达到1.3MPa。

(2)装配 冷却水管壁厚4mm,端口有安装定位标识,装配时标识与散热器上的定位标识对齐。

冷却系统电动冷却液泵与散热器风扇由整车VCU控制,根据整车热源(电机、电机控制器和充电器)温度进行控制。

第四节 驱动电机管理系统及其检测

一、驱动电机管理系统的认知

(一)驱动电机管理系统的部件

驱动电机系统是电动汽车的核心系统之一,是车辆行驶的主要驱动系统,其特性决定了车辆的主要性能指标，直接影响车辆动力性、经济性和用户驾乘感受。驱动电机管理系统的部件如图 3-4 所示。

1. 驱动电机管理模块

驱动电机管理模块（控制器）通常简称 MCU，主要用于管理和控制驱动电机的运转速度、方向以及将驱动电机作为逆变电机发电。MCU 的功能类似于传统汽车的发动机控制模块。

目前使用在纯电动汽车上的驱动电机管理模块主要有两种类型：一种是仅用于控制驱动电机的，即 MCU；另一种是更具有集成控制功能的驱动电机管理模块，即 MCU 与 DC/DC 转换器功能，这类驱动电机管理模块也被称为 PCU。

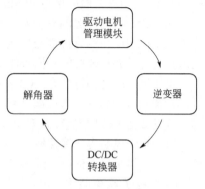

图 3-4　驱动电机管理系统的部件

DC/DC 转换器是直流-直流的电压变换器，用于将动力电池或逆变器产生的电能转换成 12V 低压电能，用于给 12V 蓄电池充电和车身电气设备供电。

将 MCU 与 DC/DC 转换器集成化是目前纯电动汽车与混合动力汽车驱动电机管理模块发展的一个趋势，集成度更高的系统既节省了成本，也利于系统之间信息的共享与车辆部件位置的布置设计。

2. 逆变器

为了提高电机驱动系统的效率，HEV 主要采用交流电机驱动。为了驱动交流电机，从直流电力获得交流电力的电力转换装置就被称为逆变器。

（1）控制　新能源汽车采用的驱动电机要求在停止及低速区域输出大转矩，在最高车速区域实现大功率输出等。现在主流电机为永磁交流同步电机，通过弱磁场控制，可以实现大范围的转速区域输出。

逆变器大多采用的是电压输出式，PWM 方式的矩形波输出电压的脉冲幅度定期变化。频率在数千赫兹以上的高频进行转换，将直流电压转换成交流电压。

影响电机输出的电压成分取决于基波分量，因此为了加大该基波，采用使逆变器输出电压波形变形，增大电压基波分量的手法。所谓的调制度是指逆变器电源电压与输出电压的基波分量的比。电压波形可划分为正弦波 PWM、过调制 PWM、矩形波 3 种。

（2）内部元件　车辆驱动用逆变器由于在高频下进行转换，功率半导体元器件要求转换高速化。另外，为了应对大功率输出，也要求高电压。因此，大多采用 IGBT 兼具 MOS 构造的电压驱动特性与双极晶体管的强电力特性。

通过将平面型闸门构造向槽型闸门构造改进，使基本构造小型化，再进一步通过推进元器件厚度的薄板化技术来实现低损耗。

逆变器采用与 IGBT 同样的 FWD（同流用二极管）并列连接，二极管与 IGBT

同样，要求具有高耐压、低损耗特性，因此采用耐高压的 PIN 构造。

（3）**冷却器** 逆变器的主要发热部分是功率半导体元器件 IGBT 和 FRD，需要对其进行高效率的冷却。冷却方式有风冷方式与水冷方式。大功率逆变器一般采用的是水冷方式。功率半导体元器件的冷却是借助动力模块内部绝缘印制电路板以及散热板，通过冷却器冷却。因此，降低热阻与提高冷却器的能力至关重要。

为了提高散热能力，新的技术中不通过散热润滑剂，而是采用将功率半导体元器件直接安装在冷却器上的直接冷却构造与双面冷却方式。

直接冷却构造中，线性膨胀系数较高的冷却器的热应力直接作用于绝缘电路板，因此，如何确保热收缩的长期可靠性是一个重要的技术。

（4）**电容器** 主电路电容器有平滑电容器和滤波电容器。这些电容器由于具有低 ESR、高耐压、寿命期限长、耐温特性良好等优点，采用薄膜电容器的情况有所增加，电容器元器件中，通过采用薄 PP 膜，可以实现电容器装置的小型化。单位体积的静电容量与薄膜厚度的二次方大致成正比，因此，薄膜化对于实现小型、轻量化来说，是最为有效的手段。另外，通过开发各种蒸镀方式，以最佳形式来应对较大的脉动和实现高安全性（自我保障功能）。

3. DC/DC 转换器

HEV、EV 配置两种电池：一种是作为行驶用电机电源的高电压主机电池（动力电池）；另一种是作为车辆附件类及控制 ECU 电源的 12V 辅助电池。

例如一个混合动力系统中，EV 无法利用发动机的动力进行发电，因此一般搭载 DC/DC 转换器，进行主机电池向辅助电池的降压式直流-直流电力转换。HEV 可以通过交流发电机发电，但是混合动力系统为了改善油耗，要反复进行怠速停机与启动发动机，因此一般采用可以输出稳定电压、可高效率完成电力转换的 DC/DC 转换器。

另外，在 DC/DC 转换器的冷却方式中，有的在发动机舱内与逆变器整体化配置，通过冷却系统进行水冷冷却，有的搭载在行李舱内主机电池的电池盒上，通过风扇进行风冷。冷却方式根据配置位置的环境温度与 DC/DC 转换器自身的损耗来决定，无论哪种，提高效率是共同的目标。

与一般所使用的 DC/DC 转换器不同，车辆用转换器要求输入电压范围广泛、温度范围广泛等。另外，由于搭载在行李舱内，冷却方式一般采用风冷方式。

4. 解角器

解角器又称解析器，是可靠性极高且结构紧凑的传感器，它可精确检测磁极位置。

（1）**解角器的结构** 解角器的定子包括三种线圈：励磁线圈 A、检测线圈 S 和检测线圈 C。解角器结构如图 3-5 所示。

解角器的转子为椭圆形，椭圆形转子与 MG1、MG2 的永磁转子相连接，定子与转子间的距离随转子的旋转而变化。交流电流入励磁线圈 A，产生频率恒定的磁场。使用频率恒定的磁场，线圈 S 和线圈 C 将输出与转子位置对应的值。因此，驱动电机-发电机 ECU（MG ECU）根据线圈 S 和线圈 C 输出值之间的差异检测出绝对位置。此外，MG ECU 根据规定时间内位置的变化量计算转速。

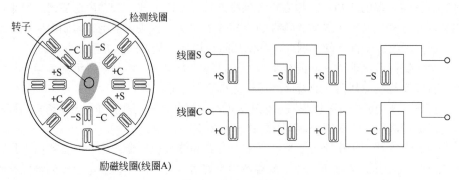

图 3-5 解角器结构

（2）**解角器的工作原理** 检测线圈 S 的+S 和-S 错开 90°，+C 和-C 也以同样的方式错开 90°，线圈 C 和 S 之间相距 45°，检测线圈的电流流向。

由于解角器的励磁线圈中为频率恒定的交流电，因此无论转子转速如何，频率恒定的磁场均会由转子输出至线圈 S 和线圈 C。由于间隙的变化，线圈 S 和线圈 C 输出波形的峰值随转子位置的变化而变化。驱动电机-发电机 ECU 持续监视这些峰值，并将其连接形成虚拟波形。驱动电机-发电机 ECU 根据线圈 S 的虚拟波形和线圈 C 的虚拟波形的相位差判定转子的方向。此外，驱动电机-发电机 ECU 根据规定时间内转子位置的变化量计算转速。

（二）常见车型的驱动电机管理系统

以下分析具有代表性的比亚迪 E6、比亚迪秦以及北汽新能源 EV 系列车型驱动电机控制器和 DC/DC 转换器的安装位置、结构与特点。

1. 比亚迪 E6 驱动电机控制器

（1）**驱动电机控制器的功能和安装位置** 比亚迪 E6 的驱动电机控制器，简称电机控制器，是纯电动汽车整车驱动控制系统的核心，它的作用至关重要。简单而言，类似于传统内燃机汽车的油量调节机构，都是通过调节加速踏板的幅度来进行车速和牵引力的控制。但是电机控制器与油量调节机构相比，结构和功能更为复杂全面。电机控制器不仅接受加速踏板的加减速信号，同时接受制动踏板、电机转速、车速、电机电枢电压、电流、冷却液温度等信号，经过对这些信号的分析完成对电机的精确控制，并且控制器会将这些信号的数值显示在外接显示屏上以供驾驶人随时掌握车辆状况。此外，控制器在电机发生过电流、过电压以及过热情况都会自动切断主电路以保护汽车和乘员的安全。

驱动电机控制器类型为电压型逆变器，利用 IGBT（绝缘栅双极型晶体管）将直流电转换为交流电，额定电压为 318V，主要功能是控制电动机和发电机等根据不同工况控制电机的正反转、功率、扭矩、转速等。即控制电机的前进、倒退，维持电动汽车的正常运转，关键零部件为 IGBT，IGBT 实际为大电容，目的是为了控制电流的工作，保证能够输出合适的电流参数。

驱动电机控制器总成包含上中下三层，上下层为电动机控制单元，中层为水道冷却单元，总成还包括信号接插件（包含 12V 电源/CAN 线/挡位/节气门/旋变/电机过温信号线/预充满信号线等），2 个动力电池正负极接插件，3 个电机三相线接插件，2 个水套接头及其他周边附件。

电机控制器的主要功能有：控制电机正向驱动、反向驱动、正转发电、反转发电；控制电机的动力输出，同时对电机进行保护；通过 CAN 与其他控制模块通信，接收并发送相关的信号，间接地控制车上相关系统正常运行；制动能量回馈控制；自身内部故障的检测和处理。

（2）驱动电机控制系统工作原理　驱动电机控制器系统主要由高压配电、控制器、驱动电机及相关的传感器组成，该系统的核心为驱动电机控制器。驱动电机控制器接收挡位开关、节气门深度、制动踏板深度、旋变等信号，经过一系列的逻辑处理和判断，来控制电机正、反转和转速等。

控制策略采用了经典的电机控制理论并注入了先进的控制算法，驱动永磁同步电机以最佳方式协调工作，核心 ECU——驱动电机控制器上层软件所依赖的下层硬件电路包括控制电路板和驱动电路板。它们的分工有所不同：控制电路板又分为模拟通道采样单元、模数转换单元、DSP 处理单元、旋变解码单元、CAN 通信单元、挡位处理单元。驱动电路板包括信号隔离单元、保护信号选择单元、电源单元。控制电路板对采样的数据进行处理，计算出所需占空比，产生 PWM（正弦脉宽调制）；通过驱动电路板传递给 IGBT，供驱动电机工作。

（3）角度传感器　比亚迪 E6 电机中检测电机转子旋转的角度和位置的传感器采用旋转变压器形式。角度传感器又称旋转变压器，旋转变压器（简称旋变）是一种输出电压随转子转角变化的信号元件。电机转速由角度传感器进行控制和监测。

角度传感器由电机控制器模块监测，根据这些位置传感器的信号，电机控制器监测电机的角位置、转速和方向。角度传感器包含一个励磁线圈、两个驱动线圈和一个不规则形状的金属转子。金属转子以机械方式固定在电机轴上。将点火开关置于 ON 位置时，电机控制模块输出一个 5V 交流电、一定频率的励磁信号至驱动线圈。驱动线圈励磁信号生成一个环绕两个从动线圈和不规则形状转子的磁场。然后，电机控制模块监测两个从动线圈电路，以获得一个返回信号。不规则形状金属转子的位置引起从动线圈的磁感应返回信号发生大小和形状的变化。通过比较两个从动线圈信号，电机控制模块能确定电机的确切角度、转速和方向。

2. 比亚迪秦驱动电机控制器

（1）驱动电机控制器的功用

① 作为动力系统的总控中心，驱动电机的运行，根据工况控制电机的正反转、功率、转矩、转速等；协调发动机管理系统工作。

② 硬件采集电机的旋变、温度、制动、加速踏板开关信号。

③ 通过 CAN 通信采集制动深度（制动踏板位置）、挡位信号、驻车开关信号、启动命令、电池管理控制器相关数据、控制器的故障信息。

④ 内部处理的信号有直流侧母线电压、交流侧三相电流、IGBT 温度、电机的三相绕组阻值。

（2）DC/DC 转换器的功用

① 纯电模式下，DC 的功能替代了传统燃油车挂接在发动机上的 12V 发电机，和蓄电池并联给各用电器提供低压电源。DC 在高压（500V）输入端接触器吸合后便开始工作，输出电压标称 13.5V。

② 发动机原地启动发电机发出 13.5V 直流电，经过 DC 升压转换成 500V 直流电给电池包充电。

（3）DC/DC 转换器具有降压和升压功能

① 降压：负责将动力电池 480V 的高压电转换成 12V 电源。DC/DC 转换器在主接触吸合时动作，输出的 12V 电源供给整车用电器工作，并且在低压电池亏电时给低压电池充电。

② 升压：当动力电池电量不足时，DC/DC 转换器将发电机发出的电供整车低压用电器用电后，多余的电量升压后给动力电池充电及空调（A/C）用电。

3. 北汽新能源 EV 驱动电机控制器

驱动电机控制器 MCU 内部采用三相两电平电压源型逆变器，是驱动电机系统的控制核心，称为智能功率模块，它以 IGBT 为核心，辅以驱动集成电路、主控集成电路。MCU 对所有的输入信号进行处理，并将驱动电机控制系统运行状态信息通过 CAN 2.0 网络发送给整车控制器 VCU。驱动电机控制器内含故障诊断电路，当电机出现异常时，达到一定条件后，它将会激活一个错误代码并发送给 VCU 整车控制器，同时也会储存该故障码和相关数据。

驱动电机控制器主要依靠电流传感器、电压传感器、温度传感器来进行电机运行状态的监测，根据相应参数进行电压、电流的调整控制以及其他控制功能的完成。电流传感器用于检测电机工作实际电流，包括母线电流、三相交流电流。电压传感器用于检测供给电机控制器工作的实际电压，包括动力电池电压、12V 蓄电池电压。温度传感器用于检测电机控制系统的工作温度，包括 IGBT 模块的温度。

二、驱动电机管理系统的检测

驱动电机管理系统在控制驱动电机的同时，还会对驱动电机、解角器以及自身控制模块进行实时自检。大多数混合动力汽车或纯电动汽车的驱动电机控制器主要在以下方面实施自检（图 3-6）。

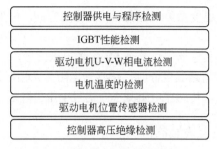

图 3-6 驱动电机管理系统的检测

（一）控制器供电与程序检测

（1）供电检测 电机控制器内部也会有来自车辆蓄电池的 12V 参考电源。当连接的参考电源电压过低或过高时，控制器将会实行自我关闭，并对外输出诊断故障码。

（2）内部软件的自检测 电机控制器内部包括电机控制单元、逆变器控制单元等，这些部件都有集成电路及 CPU 单元，在正常运行过程中，系统会实时监测，这属于控制器的内部故障检测，一般不能进行维修处理。

（二）IGBT 性能检测

驱动电机控制器 MCU 会根据整车控制器 VCU 的指令，控制 IGBT 的接通和断开，从而来实现驱动电机的输出或作为发电机工作。在对电机逆变的过程中，通过顺序启动 IGBT 的高电流开关晶体管，控制其相应的驱动电机或发电机的速度、方向和输出转矩。同时，控制器会检测每个 IGBT 的故障情况，当发现相应故障后，会关闭逆变器功能。

（三）驱动电机 U-V-W 相电流检测

由于驱动电机或发电机使用三相交流电运行，且 IGBT 通常会对应控制驱动电机或发电机的其中一个相，各相分别标识为 U、V、W。控制器通过监测连接到各驱动电机或发电机相的电流传感器，以便检测逆变器是否存在电流过大故障。大多数电流传感器是驱动电机控制器总成内部的一部分，无法单独维修。

另外，由于所有的电机或发电机相电路都是通过电气方式连接的，其电流总量应同。电机控制器执行一次数学计算，以确认相电流传感器的精确性。如果 U-V-W 相电流传感器的相电流总量大致相同，则计算结果应接近零。如果 U-V-W 相电流相差较大，则会认为是故障。

（四）电机温度的检测

在大多数的电机控制器模块内部都会设置温度传感器，用于检测连接电机电缆的温度，以及模块自身集成电路的温度。温度传感器是一个热敏电阻，它的电阻值随温度而改变，具有负温度系数。这表示随着温度升高，电阻减小；随着温度降低，电阻增大。

控制器通常向温度传感器提供一个 5V 参考电压信号，并测量电路中的电压降。当被检测的电缆或集成电路温度低时，传感器电阻大，控制器模块检测到高电平信号电压。当温度升高时，传感器电阻减小，信号电压也降低。

（五）驱动电机位置传感器检测

驱动电机位置传感器由驱动电机控制器监测。根据旋转变压器型位置传感器信号，电机控制器监测驱动电机转子的角位置、转速和方向。

位置传感器包含一个主动线圈、两个从动线圈和一个不规则形状的金属转子。金属转子以机械方式固定在驱动电机的轴上。车辆启动时，电机控制器输出一个 7V 交流电、10kHz 的励磁信号至驱动线圈。不规则金属转子的位置不同，使得从动线圈磁导返回信号的大小和形状也不同。通过对比两个从动线圈信号，电机控制器能够确定驱动电机转子的精确位置、速度和方向。

（六）控制器高压绝缘检测

驱动电机控制器利用若干内部传感器测量混合动力或纯电动汽车来自动力电池的高电压。

驱动电机控制器测试高电压正极电路或高电压负极电路和车辆底盘之间是否存在失去隔离的情况，当检测到电机控制器或者相关电路在动力电池输出高电压后，存在对车辆底盘的电阻过低情况，系统将会将这一情况反馈给整车控制器，并与整车控制器一起切断车辆的高电压，避免发生事故。

第四章 新能源汽车驱动电机的控制系统

第一节 电机控制系统的结构及特点

一、电机控制系统的组成及功用

动力总成（驱动电机 DM）、高低压线束电机控制器（MCU）、高压配电设备以及相关传感器等共同构成了电机控制系统。驾驶人可以通过整车控制器（VCU）发出不同的指令，而电机控制器会在接收到指令之后对驱动电机输出进行控制，这样就能完成车辆的前行、停车、怠速、能量回收、倒车以及驻坡等不同的功能。此外，通信和保护也是电机控制器不可缺少的作用，它可以及时发现故障，为驱动电机系统提供保护，保证整个车辆的安全。电机控制器的功能主要包括：控制电机正转（前进）；能量回收（交流转换直流）；控制电机反转（倒车）；怠速控制（爬行）；驻坡（防溜车）。

电机系统中的控制中心是被称为智能功率模块的驱动电机控制器，其主要结构是绝缘栅双极型晶体管（IGBT）模块，次要结构为主控以及驱动集成电路，能够处理一切输入信号，同时向整车控制器发送所有驱动电机控制系统产生的信息。驱动电机系统会接收到下列传感器发来的信息：温度传感器，其中包含电机控制器板载温度以及 IGBT 模块温度，可以对电机控制系统的工作温度进行检测；电压传感器，其中包含12V蓄电池电压以及动力电池电压，可以对电机控制器的电压进行检测；电流传感器，其中包含三相交流电流以及母线电流，可以对电机工作所需的电流进行检测。当发现异常情况时，整车控制器会收到驱动电机控制器中故障诊断电路发来的错误代码，并且将数据进行储存。

电机控制器的主要参数由技术指标和技术参数组成。技术指标包括输入电压、工作电压范围、控制电源（通常为9~12V）、标称容量、防护等级、尺寸等。电机控制器主要由接口电路、控制主板、IGBT模块（驱动）、超级电容、放电电阻、电流感应器、壳体水道等组成，下面具体分析控制主板、超级电容和放电电阻、IGBT模块、旋变传感器（图4-1）。

（1）**控制主板** 与整车控制器通信监测直流母线电流，控制IGBT模块工作状态，监控高压线束的绝缘和工作连接情况并反馈。IGBT模块的温度信号、旋变传感器信号经过处理后反馈给电机控制单元。

（2）**超级电容和放电电阻** 超级电容是一种以电场形式储存能量的无源器件。在需要电机启动时的时候，电容可以为电路提供能量。电容会在高压电路接通的过程中充电，为电机提供稳定的电压，也会在高压电路断开的过程中放电。一般情况下，放电电阻与电容器都是并联的，电容器会随着电源的改变进行充电和放电。在停机时，电机或其他感性负载通过控制器的带动能够实现能耗制动，即耗能元件不仅会把停止后电机中剩余的动能消耗掉，还会把线圈中的磁能消耗掉，以达到快速停车的目的。控制器的逆变电路会在供电停止之后将剩余电能进行反向导通，并将其给变频器的直流母线，这时会加大母线上的电压，而电阻会在电压达到一定值时启动，保证母线上的电压处在一个正常范围之内。出现高压断电的其中一个原因就是放电电路发生故障。

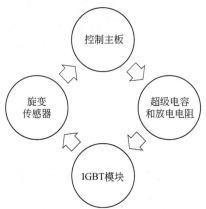

图4-1 电机控制系统的组成

（3）**IGBT模块** IGBT模块是一种复合全控型电压驱动式功率半导体器件，它不仅包含绝缘栅型场效应管，还包含双极型三极管，也被称为绝缘栅双极型晶体管。其优势有两点：一是具备了GTR的低导通压降；二是兼备了MOSFET的高输入阻抗。GTR饱和压在降低之后会增加载流密度，不过需要加大驱动电流；MOSFET驱动有着很快的开关速度，而且功率不大，但它会产生较大的导通压降。而IGBT不仅饱和压降不高，驱动功率也非常小，它同时具备了GTR和MOSFET的优势，成为电机控制器电压变换与传输不可缺少的器件。

（4）**旋变传感器** 旋变传感器又称旋转变压器。主要用以检测电机转子位置，控制器编码后可以获知电机转速。传感器线圈固定在壳体上，信号齿圈固定在转子上。由励磁、正弦、余弦三组线圈组成一个传感器。

驱动电机系统工作必须满足六个条件：
① 高压电源输入正常（一般绝缘性能大于 20MΩ）；
② 低压 12V 电源供电正常（电压为 9~16V）；
③ 与整车控制器通信正常；
④ 电容放电正常；
⑤ 旋变传感器信号正常；
⑥ 三相交流输出电路正常，电机及电机控制器温度正常，开盖保持开关信号正常。

二、电机控制系统高压电路的特点

通常纯电动汽车整车共分为五段高压线束。
① 动力电池高压电缆：连接动力电池到高压盒之间的线缆。
② 电机控制器电缆：连接高压盒到电机控制器之间的线缆。
③ 快充线束：连接快充口到高压盒之间的线束。
④ 慢充线束：连接慢充口到车载充电机之间的线束。
⑤ 高压附件线束（高压线束总成）：连接高压盒到 DC/DC 转换器、车载充电机、空调压缩机、空调 PTC 之间的线束。

第二节　电机控制器的工作原理

一、电机控制器的结构分析

电机控制器包括功率电路、驱动与保护电路、控制电路三大部分，其中功率电路用于进行能量的变换；驱动与保护电路用于实现对功率模块的驱动控制与故障保护；控制电路用于实现电机的转矩和转速控制与整车通信等功能。

在整个驱动电机系统中，控制器输出的命令可以操控驱动电机的输出动作。输入的直流电在控制器的作用下可以为驱动电机所用，因为这些直流电可以被转换成三相交流电。直流电通过驱动电机控制器转变为交流电供给电机；电机正转可以让车辆加速或是减速，电机反转则可以让车辆倒车；如此便可以让控制策略达到最优化，保证控制动力的工作效率。若励磁绕组在励磁的过程中是按照相应的交流电压进行的，那么其电压幅值与转子转角之间就会形成三角函数关系，即正弦和余弦关系，所以旋转变压器又可以被称作是正余弦旋转变压器。在运动伺服控制系统中，旋转变压器的作用是测量角度位置。近些年，旋转变压器已经代替以往的光学编码器，成为最常用的永磁交流电动机的位置传感器。

二、电力电子器件在电机控制系统的运用

电子技术在新能源汽车的应用主要体现在电力电子器件和变流器技术两个方面。电力电子器件的性能与可靠性直接关系到新能源汽车的安全运行，变流器技术直接影响新能源汽车的能量变换与运行效率，对于电动汽车运行至关重要。

电力电子器件品种繁多，分类方法多种多样。通常按开关控制性能分为三个方面。第一，不控型器件：不控型器件是无控制端口的两端器件，如功率二极管，不具备可控开关性能。第二，半控型器件：半控型器件是有控制端口的三端器件，但其控制端在器件导通后即失去控制能力，即无关断能力，关断器件必须借助外部条件，晶闸管及其大部分派生器件均属这一类。第三，全控型器件：全控型器件是有控制端口的三端器件，但其控制端具有控制器件导通和关断的双重功能，故称自关断器件，如 GTO、GTR、IGBT 等第二代器件均属这一类。

目前常用的电力电子器件主要有门极关断晶闸管（GTO）、大功率晶体管（BJT）、功率场效应晶体管（MOSFET）、绝缘栅双极晶体管（IGBT）、MOS 控制晶闸管（MCT）。从新能源汽车应用实践看，MOSFET、IGBT 和 MCT 具有一定的竞争性，而 GTO 的开关频率难以超过 3kHz，关断增益较小，需要专门的关断电路，不适合用在新能源汽车的功率变换器上。下面着重分析在新能源汽车中可广泛应用的器件。

（一）功率二极管

在 20 世纪 50 年代初期，人们就已经开始使用功率二极管。功率二极管有着简单的原理和结构，非常稳定可靠。尽管它属于不可控器件，但依然是很多电气设备不可或缺的器件。尤其是在中、高频整流和逆变中，最不可缺少的就是快速恢复二极管和肖特基二极管。

无论是基本结构，还是工作原理，功率二极管与信息电子电路中的二极管都没有任何区别。功率二极管是密封的，其中不仅包含了一个 PN 结，还包含了两端的引线。以往的功率二极管有两种封装方式，即螺栓型和平板型，但现在最常使用的则是模块化封装。

1. 功率二极管的特性

（1）**静态特性**　伏安特性是功率二极管最突出的静态特性，功率二极管在相应的正向电压下会增加正向电流，保持导通状态。功率二极管的正向导通压降指的是与其两端电压相对应的正向电流。

（2）**动态特性**　功率二极管在相互转换正向偏置、零偏置（外加电压为零）以及反向偏置时，会因为结电容而产生一个过渡过程。PN 结在此时的电压-电流特性与之前的伏安特性并不匹配，所以要及时调整自身的带电状态。功率二极管的动态特性在此时就会展现得淋漓尽致。尽管这是与功率二极管有关的概念，但其他电力电子器件也同样适用。

2. 功率二极管的参数

（1）正向平均电流 $I_{A(AV)}$ 正向平均电流是指功率二极管长期运行时，在指定的管壳温度（简称壳温，用 T_C 表示）和散热条件下，其允许流过的最大工频正弦半波电流的平均值。在此电流下，因二极管的正向压降引起的损耗造成的结温升高不会超过所允许的最高工作结温，这也是标称其规定的电流参数。可以看出，正向平均电流是按照电流的发热效应来定义的，因此在使用时应按照工作中实际波形的电流与正向平均电流所造成的发热效应相等，即有效值相等的原则来选取功率二极管的电流定额，并应留有一定的裕量。通过对正弦半波电流的换算可知，正向平均电流 $I_{A(AV)}$ 对应的有效值为 $1.57I_{A(AV)}$。不过，应注意的是，当用在频率较高的场合时，功率二极管的发热原因除了正向电流造成的通态损耗外，其开关损耗也往往不能忽略。当采用反向漏电流较大的功率二极管时，其断态损耗造成的发热效应也不小。在选择功率二极管的正向电流定额时，这些都应加以考虑。

（2）正向压降 U_A 正向压降是指功率二极管在指定温度下，流过某一指定的稳态正向电流时对应的正向压降。有时候，其参数表中也给出在指定温度下流过某一瞬态正向大电流时功率二极管的最大瞬时正向压降。

（3）反向重复峰值电压 U_{RRM} 反向重复峰值电压是指对功率二极管所能重复施加的反向最高峰值电压，通常是其雪崩击穿带电压 U_B 的 2/3。使用时，往往按照电路中功率二极管可能承受的反向最高峰电压的 2 倍来选定此项参数。

（4）最高工作结温 T_{JM} 结温是指管芯 PN 结的平均温度，用 T_J 表示。最高工作结温是指在 PN 结不损坏的前提下所能承受的最高平均温度，用 T_{JM} 表示。T_{JM} 通常为 125～175℃。

（5）浪涌电流 I_{FSM} 浪涌电流是指功率二极管所能承受的最大的连续一个或几个周期的过电流。

由于功率二极管导通之后的特性与关断时刻的特性都与晶闸管类似，因此其承受电压和电流的计算方法与晶闸管是相同的。

（二）绝缘栅双极晶体管

1. 绝缘栅双极晶体管的工作原理

绝缘栅双极晶体管（IGBT）是一种发展很快、应用很广的复合型电力电子器件。目前系列化的产品电流等级为 10～3300A、电压等级为 600～6500V，试制品已达 8000V，工作频率为 10～30kHz。IGBT 的主要缺点是通态压降较大，但最近几年研制的新型 IGBT，通态压降明显下降。在新能源汽车应用领域，IGBT 电压等级通常为 600V 或 1200V，电流等级为 400～900A，少数达到 1200A 及以上。电动汽车中需要用到大量的绝缘栅双极晶体管（IGBT），IGBT 是电动汽车中的核心器件之一，是动力系统的重要组成部分。IGBT 主要应用于以下两个子系统中。

① 电机控制系统：大功率直流/交流（DC/AC）逆变后驱动汽车电机。

② 车载空调控制系统：小功率直流/交流（DC/AC）逆变，使用电流较小的 IGBT

元件。

2. 绝缘栅双极晶体管的主要参数

除了前面提到的各种参数之外，IGBT 的主要参数还包括以下方面。

（1）**最高集电极-发射极电压（UCEM）** 最高集电极-发射极电压由内部的 PNP 型晶体管的击穿电压确定，为了避免 PN 结击穿，IGBT 两端的电压绝对不能超过这个额定电压值。

（2）**最高栅极-发射极电压（UGEM）** 栅极电压受栅极氧化层的厚度和特性限制。虽然栅极的绝缘击穿电压约为 80V，但是，为了保证可靠工作并且限制故障状态下的电流，栅极电压应该限制在 20V 以内。

（3）**最大集电极电流（ICM）** 最大集电极电流包括直流电流 I_C 和 I_{MS}。脉宽最大电流 I_{CP} 与结温有关，随结温的升高而下降。有的厂家的标称数据为结温 25℃时，部分厂家是按照结温 85℃来标称的，选择器件时应注意不同厂家之间的差异。

（4）**最大集电极功耗（PCM）** IGBT 的最大集电极功耗 PCM 为正常工作温度下所允许的最大功耗。

3. 绝缘栅双极晶体管的擎住效应

由于 IGBT 结构上的原因，内部存在一个 NPN 型寄生晶体管。当集电极电流大于规定的临界值 I_{CM} 时，该寄生晶体管因有过高的正偏置被触发导通，使 PNP 管也饱和导通，导致 IGBT 的栅极失去控制作用，这种现象称为擎住效应。

IGBT 发生擎住效应后，集电极电流增大，造成过高的功耗，导致器件损坏。这种集电极电流超过 I_{CP} 引起的擎住效应称静态擎住效应。此外，在 IGBT 关断的动态过程中，若 du_{CE}/dt 过大，同样会引起上述寄生晶闸管的开通，使 IGBT 栅极失控，形成动态擎住效应。可通过加大栅极电阻 R_G 的办法，延长 IGBT 的关断时间，以减小重加 du_{CE}/dt 的数值，避免动态擎住效应的发生。

擎住效应曾经是限制 IGBT 电流容量的主要因素之一，现已得到很好的解决。

4. 绝缘栅双极晶体管的安全工作区

IGBT 开通时的正向偏置安全工作区 FBSOA 由电流、电压和功耗三条边界极限包围而成。最大集电极电流 I_{CM} 是按避免擎住效应而由厂方确定的；最高集电极-发射极电压 U_{CEM} 是由 IGBT 中 PNP 晶体管的击穿电压规定的；最高功耗则由最高允许结温所规定。如流过直流、发热严重，因而安全工作区变窄。若为脉冲电流，导电时间短，工作区变宽，脉冲越窄，工作区越宽。

IGBT 的反向偏置安全工作区 RBSOA，它随 IGBT 关断时的重加 du_{CE}/dt 而改变，du_{CE}/dt 数值越大，越容易引起 IGBT 的误导通，因此相应的反向偏量安全工作区越狭窄。

在应用 IGBT 的时候要注意的是，IGBT 有较大的极间电容，使 IGBT 的输入端显示出较强的容性特点，在输入脉冲作用下，将出现充放电现象。在器件开关过程中，极间电容是引发高频振荡的重要原因。由于 IGBT 对栅极电荷的集聚很敏感，因此要有一条低阻抗的放电回路，驱动电路与 IGBT 的连线要尽量短，如用绞线，

第四章　新能源汽车驱动电机的控制系统

其长度不应超过 1m。此外，设计适当的缓冲电路，以抑制 IGBT 关断时产生的尖峰浪涌电压也很重要。

（三）MOS 门极关断晶闸管

MOS 门极关断晶闸管（MCT）是晶闸管和 MOSFET 组合而成的复合器件，它的主导元件是 SCR，控制元件是 MOSFET。所以，MCT 具有 SCR 和 MOSFET 的共同优点，如电压高、电流大、通态压降低、电流密度高、输入阻抗高、驱动功率小、开关速度高、di/dt 高和 du/dt 高，是一种理想的电力电子开关器件。目前，MCT 的产品正在系列化，其电压等级为 500~1000V，电流容量为 50~100A。由于 MCT 在当前的电力电子器件中评价最高，它在未来的新能源汽车驱动系统中具有良好的应用前景。

1. MOS 门极关断晶闸管的结构

MCT 将 MOSFET 的高输入阻抗、低驱动功率与快速的开关速度和 SCR 的高电压、大电流特性结合在一起。MCT 是采用 DMOSFET 集成电路工艺制成的。一个 MCT 大约有 10^5 个元胞。每个元胞有一个宽基区 NPN 晶体管、一个窄基区 PNP 晶体管以及一个 OFF-FET。OFF-FET 连接在 PNP 晶体管的基极-发射极之间，另有 4% 的单元胞含有 ON-FET，连接在 PNP 晶体管的集电极-发射极之间，这两组 MOSFET 的栅极连接在一起，构成 MCT 的单门极。

2. MOS 门极关断晶闸管的原理

在结构上 MCT 需要用双门极控制，这一点与 SCR 和 GTO 不同；门极信号以阳极为基准而不是以阴极为基准。当门极相对于阳极加负脉冲电压时，ON-FET 导通，它的漏极电流使 PNP 晶体管导通。NPN 晶体管又使 PNP 晶体管导通并且形成正反馈触发过程，这与 SCR 和 GTO 的导通过程类似。通过正反馈的循环，使 $a_{PNP}+a_{NPN}>1$，于是 MCT 导通。当门极施加相对于阳极为正脉冲的电压时，OFF-FET 导通，PNP 基极电流中断，PNP 晶体管被切断，破坏了正反馈过程，于是 MCT 关断。使 MCT 触发导通的门极负脉冲幅值一般为 -5~-15V，使其关断的门极正脉冲电压幅值一般为 10V。由此可见，MCT 是一种电压控制器件。

根据对功率 MOSFET 和 IGBT 的研究证明，器件性能和阴极图形结构有密切关系，MCT 也是如此。MCT 将低通态损耗的四层结构与高阻抗 MOS 控制极结合在一起，使得可控制的阴极密度很高。现已研制出正向阻断电压高于 2000V 的单个元胞、元胞排、元胞条和各种陈列分布，元胞数高达 21000 个。有效面积为 $8.4mm^2$ 的 MCT，可控制的电流密度为 $70A/cm^2$。

MCT 与 GTR、MOSFET、IGBT 和 GTO 等器件相比，有如下优点。

① 电压、电流容量大，目前水平为阻断电压 3000V，峰值电流 1000A，最大关断电流密度为 $6000A/cm^2$。

② 通态压降小，约为 1.1V，仅是 IGBT 通态压降的 1/3~1/2。

③ di/dt 和 du/dt 耐量极高，目前水平为 $di/dt=2000A/\mu s$，$du/dt=20000V/\mu s$。

④ 开关速度快，开关损耗小。开通时间为 200ns，可在 $2\mu s$ 内关断 1000V 电压。

⑤ 工作温度高，其温度受限于反向漏电流，上限值可达 250~270℃。

MCT 还有一个重要特性是，即使关断失效，器件也不会损坏。当工作电压超出安全工作区范围时，MCT 可能失效；而当峰值可控电流超过安全工作区时，MCT 不会像其他大半部分功率开关器件那样自然损坏，而只是不能用门极关断而已。

3. MOS 门极关断晶闸管的特性

（1）**静态正向特性**　静态时，担负开通和关断控制的内部 MOSFET 不起作用，MCT 相当于晶闸管，阻断时能承受较高的正向电压，导通时具有很低的通态压降。当正向电压为 1V 时，MCT 的电流密度是达林顿管的 30 倍，是电力 MOSFET 管的 100 倍。在相同的电流密度下，MCT 具有很小的通态压降。由 MCT 正向伏安特性和温度的关系可知，当结温升高时，通态电压降低；当正向电流增大时，通态压降仅有少量的增加，因此，MCT 适合用于大电流场合。

（2）**MCT 无正向偏置的安全工作区**　MCT 关断时的电压和电流的极限容量与结温、电流和工作周期有关。当工作电压超出 MCT 的安全工作区电压范围时，MCT 可能会失效；但是当峰值可控电流超出 MCT 安全工作区时，MCT 不易损坏。这个性能特点说明 MCT 可简单地使用熔断器进行短路保护。

（四）电机控制器

电机控制器的运用如图 4-2 所示。

（1）**变流器技术运用**　电机控制器实际是电力电子变流器技术的应用。是电能的变换与控制技术，包括四大类：当纯电动汽车或混合动力汽车处于再生制动工况时将交流电变换为直流电为动力电池充电，称为整流技术（AC-DC）；将动力电池的高压电转换成低压电源 12V，为低压电路系统提供工作电源和为辅助电池充电。一种直流电变换为另一种直流电称为直流斩波（DC Chopper）或者直流-直流变换（DC-DC Convert）；车辆正常行驶时动力电池高压直流电转换成可供驱动电机工作的高压交流电；将直流电变换为交流电称为逆变；将一种交流电变换为另一种交流电称为交-交变流技术。

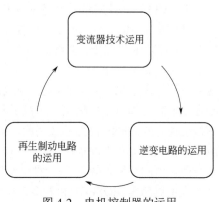

图 4-2　电机控制器的运用

用于新能源汽车中的动力电力电子装置主要由大功率 DC/AC 逆变器构成，在燃料电池汽车中通常还有大功率 DC/DC 转换器，在深度混合动力轿车中也常常采用大功率双向 DC/DC 转换器。此外，在各种电动汽车中还有小功率的 DC/DC 转换器，用于进行低压蓄电池的充电；或者采用中小功率 AC/DC 对动力高压蓄电池进行充电；而交-交变流技术在电动汽车应用领域中相对较少。

（2）**逆变电路的运用**　将直流电转换为交流电，向驱动电机提供工作电源，逆变电路输出的频率和电压的大小，取决于负载的实际需要，可以是定压定频的负载，也可以是调压调频的负载。通过相应改变开关的 ON/OFF 时间，可切换至所需频率。这种能调压调频的逆变器通常称为变频器。需要持续改变电压以产生正弦波。

（3）**再生制动电路的运用** 与汽车安全关系最大的装置是制动系统，行车制动系统、发动机制动系统以及驻车制动系统是传统汽车中包含的三大制动系统。制动器与制动鼓之间产生的摩擦不仅可以让传统汽车产生制动效果，还会带来制动能量，但这些制动能量是不能回收的，因为它们会转化成热能或内能，最终消失。但纯电动汽车是能够回收一些能量的，且能量可回收是纯电动汽车非常重要的一项节能措施。在滑行或下坡的过程中，汽车会产生惯性力，纯电动汽车在这时就会用电动机制动状态或是发电状态代替原本的驱动状态，从而让汽车产生电制动效果。同时纯电动汽车的传动系统会控制驱动轮启动电动机，当电动机与发动机有了相同的转速时，电动机就会代替发电机，在动力电池组中储存电能。但在紧急制动的过程中为了保证安全，纯电动汽车还是要使用机械式制动系统。因此纯电动汽车使用的是混合制动系统，即在传统制动系统中融入再生制动系统。需要注意的是，在滑行或下坡的过程中，驾驶人只有利用 ABS 制动系统的 ECU 才能紧急制动纯电动汽车，这是因为此时汽车前轮和后轮的机械式制动器中充满了高压制动液。在切断电动机的电源之后，电动机并不会马上停止，因为它自带的负载会产生惯性力。为了应对能源紧缺的状况，如何将电动机制动时产生的剩余能量进行充分利用已经成为当下的热门研究课题。

（五）电容器应用技术

在功率回路中，滤波电容是必不可少的元件之一。滤波电容可以发挥滤波和储能的作用，常常被应用于新能源汽车整流电路中的整流环节，整车性能与其有着最直接的关系。

以往车载变流器使用的滤波电容一般为电解电容，但处于高频状态下的电解电容很容易减小等效容量，有时还会对变流器性能产生负面影响，这是因为电解电容中包含了等效电感和等效电阻。此外，当电解电容处于高频状态时，其纹波电流很容易导致发热现象，这会在很大程度上缩短电解电容的寿命。在选择电解电容容量的过程中可以参考其发热量以及纹波电流等级。

为进一步降低变流器的体积和重量，适应宽电压范围、大功率应用需求，需要一个紧凑、低损耗、性价比高的 DC-Link 电容器，电容器电压可高达 1000V（DC），容量值可达 3000μF。而电解电容额定电压低于 500V，且在一定的布置空间内，交流容量比较有限，难以满足上述工况需求。膜电容器的电压标准可达到 1000V（DC）以上，使用温度达到 105～125℃，并最大化了体积填充系数，比较适合上述工况的应用。

第三节 驱动电机冷却系维护

新能源汽车的动力系统中，必须安装散热系统提高系统效率。电机控制器是将蓄电池等能量储存系统的电能转换为驱动电机的电能，并输出给电机的部件。

电机控制器的主要生热器件是输出级的功率绝缘栅型双极场效应管 MOSFET 器件。这些功率模块的损耗主要包括晶体管工作时的导通损耗、关断损耗、通态损耗、截止损耗和驱动损耗，这些功率损耗都会转换成热能，使控制器发热。最重要的是通态损耗和关断损耗，这两项损耗是电机控制器热量的主要来源。

电机内部由铁芯和绕组线圈组成，电机通电运行都会有不同的发热现象。绕组有电阻，通电会产生损耗，损耗大小与电阻和电流的平方成正比，这就是铜损。除直流电机外，电动汽车电机控制器输出的电流多为方波，不是标准的正弦波，会产生谐波损耗。铁芯有磁滞涡流效应，在交变磁场中也会产生损耗，其大小与材料、电流、频率、电压有关，这就是铁损。铜损和铁损都会以发热的形式表现出来，从而影响电机的效率，目前电机控制系统中散热系统主要分为自然冷却、风冷、液冷等形式。自然冷却是指不采用特别的散热措施，让发热部件通过自身表面与环境空气的作用，或通过相邻部件的传导作用，将热量传送出去，达到散热的目的。风冷是通过空气流过发热部件表面或特别设计的风道，带走发热部件内部所产生的热量。以上两种方式一般在一些低速电动代步车中应用较多。

强制风冷的散热效果是自然风冷的 10~20 倍；液冷的散热效果是自然冷却的 100~120 倍；沸腾冷却的散热效果最好。从结构的复杂性和实现的难易程度来看，对于空间要求不高的通用变频器，强制风冷散热系统比水冷散热系统简单，容易实现。

通过在车辆上装备 HV 散热器、带电动机的 HV 水泵和仅用于混合动力系统的 HV 散热器储液罐，可冷却逆变器、增压转换器、DC/DC 转换器和 MG1。通过在发动机散热器前部安装 HV 散热器并利用相同的冷却风扇系统，可使混合动力系统的冷却系统结构紧凑。

冷却液按下列顺序循环：散热器→逆变器→HV 散热器储液罐→带电动机的 HV 水泵→混合动力传动桥→HV 散热器。泵电动机采用高输出功率无刷电动机。轴承在两端支撑轴，因此降低了噪声和振动。车辆处于"READY ON"状态时，带电动机的 HV 水泵始终运转。

（1）更换 HEV 系统冷却液　更换冷却液时使用的放气程序具体如下。

① 缓慢地向储液罐倒入冷却液，直至达到 F 刻度线为止。注意不要重复使用排放的冷却液，因为可能含有异物。

② 使用下列两种方法，操作带电动机的 HV 水泵：进行"Activate the Water Pump"主动测试；将电源开关置于 ON（READY）位置。

③ 由于放气导致冷却液液位下降，添加冷却液至 F 刻度线。注意：添加冷却液前，务必将电源开关置于 OFF 位置。

④ 重复步骤②和③直至放气完成。

⑤ 正常反应：水泵产生的噪声变小且储液罐中冷却液的循环状况改善时，逆变器冷却系统放气完成。

（2）EV 电机控制系统冷却系　EV 电机控制系统冷却系功用是为驱动电机和控制器散热。由水泵、散热器及膨胀水箱、风扇和管路组成。

① 水泵控制：启动车辆时电动水泵开始工作（仪表显示 READY）。

② 电机温度控制：当控制器监测到驱动电机温度为 45～50℃时冷却风扇低速启动；温度≥50℃时，冷却风扇高速启动；温度降至 40℃时冷却风扇停止工作。温度为 120～140℃时，降功率运行；温度≥140℃时，降功率至 0，即停机。

③ 电机控制器温度控制：当控制器监测到散热基板温度≥75℃时，冷却风扇低速启动。温度 80℃≥时，冷却风扇高速启动；温度降至 75℃时冷却风扇停止工作。温度≥85℃时，超温保护，即停机。当控制器监测到散热基板温度为 75～85℃时，降功率运行。

第四节　新能源汽车电机驱动系统的控制

新能源汽车中最重要的系统和部件是电机驱动系统，电机驱动系统对汽车的整体性能起决定作用，这也关系到各大品牌新能源汽车在市场中的核心竞争力。具体来说，汽车电机驱动系统直接影响了新能源汽车的行驶效率和汽车的性能。性能稳定而且良好的新能源汽车都具备一个较好的电机驱动系统，通过系统可以对汽车的控制技术和系统不断完善。

一、新能源汽车电机驱动的发电机选择

为新能源汽车选择合适的电机驱动发动机要注意以下几个要点（图 4-3）。

（1）**高功率**　选择合适的电机，功率是一个必须考量的因素，应达到用户的需求，这样才能保障过山路行驶和爬坡行驶正常。所以，在同类别的电机进行筛选和比较时，高功率是首先要选择的因素。

（2）**强性能**　电机是新能源汽车的核心装置，人们常称为电机驱动系统。电动机在汽车处于正常行驶状态时，扮演着核心动力装置的角色，所以要在符合汽车使用需求的基础上选择较好的电动机，确保其具有强性能、小体积和重量轻的特征，如此一来，不仅节省了汽车的体积，营造更加舒适的车内氛围，还对用户的使用感受和效果有所保障。

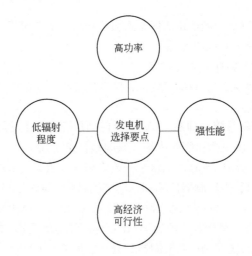

图 4-3　新能源汽车电机驱动的发电机选择要点

（3）**高经济可行性**　具体来说，就是追求性价比较高的电机，在统一的标准中，优先选择低成本的电机实现最大化地利用资源，从而让客户收获更多的利益。所以电机的选择，要将成本和性能因素一并考虑。

（4）**低辐射程度**　这个因素主要是从环保角度进行考虑的，低辐射程度的电机有利于减少污染、保护环境，最重要的是能降低对用户的伤害，从而提高用户对汽车以及汽车品牌的满意程度。这也是新能源汽车生产和使用的根本目的。所以，辐射程度是选择电机的重要因素。

二、新能源汽车电机驱动系统的控制技术

电机驱动控制器是新能源汽车控制电机驱动系统的重要零件，也是组成新能源汽车的关键部分。目前永磁同步电机是使用较多的电机驱动控制器，此款电机主要依靠它的调速系统进行控制，具有较强的性能。它的具体工作程序如下，三相绕组结构是永磁同步电机实现控制作用的重要零件。三个正弦电流就缠绕在这三相绕组上，其夹角都是 120°。通过这个结构，电流呈现出旋转的流动状态便产生了磁场，如此一来就产生了驱动作用。产生的磁场包括转子磁场和正弦磁场，其中，转子磁场是控制电动驱动系统的关键，在矢量控制过程中，它与同步旋转轴处于同一位置。

新能源汽车驱动电机及其检修技术

第五章

第一节 永磁同步电动机构造的原理与检修

目前在新能源汽车上使用最多的驱动电机是永磁同步电动机,因此,对永磁同步电动机的具体结构、工作原理和检修等方面进行深入了解十分重要。

一、永磁同步电动机构造的原理

(一) 永磁同步电动机的主要结构

永磁同步电动机简称为 PMSM,具有很多优势和特点,包括弱磁能力较高、振动噪声低、控制精准度高、工作效率高、转矩平稳性较好、转矩密度高等。其中,较高的弱磁能力需要通过对永磁三路结构进行合理设计方式而获得,对于推动电动汽车的驱动性有重要作用,受到许多国内外汽车厂商的重视和欢迎。永磁同步电动机是所有电动汽车驱动电动机系统中最具竞争优势的系统,它主要由定子和转子组成。

一是永磁同步电动机中的定子。定子分为两部分,分别是电枢铁芯和电枢绕组。前者主要是通过叠压作用,由 0.5mm 的硅钢冲片构成的,不过也有些电枢铁芯是由 0.35mm 的冷轧无取向硅钢片组成的,这种电枢铁芯能够满足电动机对高频率和高效率指标的需求,而且在铁耗方面有所减少;后者一般分为短距绕组和分布绕组,但是也有例外，分数槽绕组用于较多极数的电动机，其他绕组和正弦绕组一般用于电动势波形需要改善的情况。

二是永磁同步电动机中的转子。转子铁芯和铁轴以及永磁体共同组成转子。转子铁芯的取材较为多样，硅钢片或钢板以及实心钢都可以在叠压作用下冲制成转子铁芯，但是要以磁极结构的差异为依据。构成永磁体的主要材料一般为铁氧体永磁和钕铁硼永磁。永磁同步电动机与普通电动机最大的差异还在于前者具有转子永磁体位置检测器，该检测器主要用于对磁极的位置进行检测，并以此控制电枢电流，最终实现驱动控制永磁同步电动机。关于转子还需要注意以下几个要点。

① 以转子上的磁体所处的位置差异为依据对永磁同步电动机的磁极结构进行划分，主要包括内置式磁极结构和表面式磁极结构。

在内置式转子磁路结构中，转子内部有一个永磁体。极靴存在于定子铁芯内圆和永磁体外表面，由铁磁物质构成。将铜条笼或者铸铝笼放到极靴中，将产生启动作用或阻尼作用，其优点在于具有较好的稳定性和动态性。当永磁同步电动机具有高动态性和异步启动能力的需求时，极靴将发挥重要作用。极靴进一步保障了内置式转子内的永磁体，也有助于电动机的功率密度和承载能力的提升，同时促进弱磁迅速扩散，这都是因为不对称的转子磁路结构刺激磁阻转矩而形成的。

处于表面式转子磁路结构中的永磁体，一般采用瓦片形状，放置在转子铁芯的外部，径向为永磁体进行磁通的方向。具体来说，表面式转子磁路结构主要包括嵌入式结构和凸出式结构。其中，嵌入式结构的转子具有凸极转子结构的电磁性能属性，这是因为磁导率较高的铁磁材料存在于嵌入式转子相邻的两个永磁磁极之间；凸出式结构的转子具有隐极转子结构的电磁性能属性，这是因为部分电动机使用稀土永磁材料，而存在永磁材料中的相对回复磁导率接近于1。

表面凸出式转子在矩形波永磁同步电动机和正弦波永磁同步电动机中使用较多，其中，正弦波永磁同步电动机主要适用于范围较小的恒功率运行状态。总体来说，表面凸出式转子的优点主要体现在低制造成本、小转动惯量和简单的结构。此外，表面凸出式转子结构还有一个显著的优点，即最容易实现永磁磁极的优化设计，如此一来，便能使正弦波的磁极形状和电动机气隙磁场的密度波形保持一致，最终让整个传动系统和电动机的性能得到明显提升。

表面嵌入式转子结构和表面凸出式转子结构的差别在于，表面嵌入式转子结构中，在转子磁路不对称的作用下会产生磁阻转矩，有利于帮助电动机进一步提升功率密度。与表面凸出式转子结构相比，它具有较好的动态性能和简便的制造工艺，在部分调速永磁同步电动机中使用较多。其缺点在于制造成本较高和漏磁系数较大。

② 以转子旋转的方向和永磁体磁化的方向之间相互作用的关系为依据进行划分，内置式转子结构包括V形径向式、径向式和切向式以及U形混合式。

当永磁同步电动机采用径向式转子结构时，以磁钢进行径向或切向充磁，或者让永磁体处于磁通轴的非对称位置，都可以产生磁通密度。这种结构具有很大的优势，永磁体安装后转子不会变形、控制极弧系数比较容易、漏磁系数小、转子冲片机械强度较高、隔磁措施无须在转轴上实施。

当转子处于切向式转子结构中时，产生的惯性和漏磁系数都比较大，与径向式转子结构相比，其成本更高、制作工艺更加复杂，但它在每极磁通方面具有优势，这是因为两个相邻的磁极发生并联将产生同一极距。一旦径向式结构和电动机包含的极数比较多，所产生的每极磁通将无法满足系统需求，而相邻磁极产生的每极磁通则具有更强的优势。另外，就磁阻转矩而言，永磁同步电动机使用该结构所产生的磁阻转矩占总数的四成，对电动机扩展恒功率的范围和提升功率密度产生了重要的作用。

与切向式结构和径向式结构相比，混合式结构将这两者的优点集于一体，但是需要花费较高的制作成本，具有比较复杂的制造工艺和结构特点。

③ 转子位置传感器，该传感器的作用是对永磁同步电动机中转子磁极所处的位置进行检测，它始终与电动机轴相连，能够为电子转换方向提供精准的信息。如今，位置传感器在PMSM系统的应用有多种方式，比如电磁式、光电编码式以及磁敏式。如果系统对控制的精准度有很高的需求，可以使用余弦旋转变压器或正弦旋转变压器等类别的位置传感器，但是无论在系统中使用哪种类型的位置传感器，归根到底都是为了对转子的具体位置进行准确测量，其差别主要体现在成本、体积、安装、可靠性等方面。

④ 逆变器。逆变器的作用在于让电流输入频率和电动机的转速保持一致，防止失步和震荡现象的发生，具有自动调节控制的功能。具体来说，当位置传感器确定了转子的位置后，会将准确的信息传递给控制芯片，控制芯片在数学变换和电流采样等技术及方式的基础上，利用闭环运算的方式将收到的位置信息重新输出，输出方式为PWM占空比，从而让功率器件发生作用。

（二）永磁同步电动机的工作情况

驱动电路是永磁同步电动机的重要部分，它的运转原理和感应电动机类似，都是通过定子绕组进行旋转产生磁场，同时与由转子和永久磁铁相互作用形成的磁场，相互发生作用，以形成转矩。而电子通过绕组作用形成的旋转磁场也可以认为是旋转磁极利用自己的旋转作用，吸引其他转子的磁极，并与之共同发生旋转。当永磁同步电动机处于负重状态时，电枢磁动势和永磁体磁动势会共同发生作用建立气隙磁场，其中，电枢磁动势对气隙磁场产生重要作用，特别是其中的基波部分，这种作用一般被叫做电枢反应。

永磁同步电动机的转子是一个永磁体，N、S极沿圆周方向交替排列，定子可以看成是一个以速度n_0旋转的磁场。电动机运行时，定子存在旋转磁动势，转子像磁针在旋转磁场中旋转一样，随着定子的旋转磁场同步旋转。

同步电动机转速可表示为

$$n = n_0 = \frac{60 f_s}{p_n} \tag{5-1}$$

式中，f_s 为电源频率；p_n 为电动机极对数。

定子在永磁同步电动机中以三相对称绕组的形式存在。定子三相绕组与三相正弦波电压相互作用，便形成了对称三相正弦波电流，旋转磁场也在气隙中随之形成。当已充满的磁极和旋转磁极联合发生反应时，其产生的作用会让旋转磁场和转子保持同样的旋转变化，并且尽量使转子磁场轴线和定子处于对齐状态。一旦增加了负载转矩作用后，定子磁场轴线和转子磁场轴线之间便会产生一个角度，当这个角度等于一个功率角时，后者即处于落后状态。功率角会随着负载的增加而不断增加，当定子磁场轴线和转子磁场轴线之间便相差的角度处于最大值时，电动机将停止运转。因此，同步电动机在正常运转过程中的转速和频率必须按照一定的比例进行，否则会产生失步停转的现象。当旋转磁场和它的转速保持一致时，将会产生零静态误差。当发生负载干扰作用时，转速保持不变而功率角发生变化，这种变化反应是即时的。

（三）永磁同步电动机的优劣势

1. 永磁同步电动机的优势

一是永磁同步电动机的承受能力和机械特性较强，承受负重的变化和由电动机转矩产生干扰作用的能力比较强，其最大转矩可以在一瞬间变化到三倍以上的额定转矩。如果面对变化较大的负载转矩，可以正常运转。

二是具有重量轻和体积小的特点。这几年，越来越多的高性能材料运用到永磁同步电动机中，使它的功率密度显著提升。从体积和重量上来说，与同容量的异步电动机相比，永磁同步电动机都呈现出缩小的变化，特别是在许多特殊的场合更加适用。

三是以往绕组式同步电动机中转子部分的励磁绕组被永磁体取代，大大简化了结构，删减了电刷和集电环以及励磁线圈，通过电子换向的方式达到无刷运行的目的，增强了电动机运行的稳定性。

四是具有高效率和高功率因数的优点，产生的定子铜耗和电子电流都较小。这是因为永磁同步电动机和异步电动机之间最大的差异就在于有无功励磁电流的作用，而前者不需要。

五是具有较广的使用范围和多样化的结构。永磁同步电动机中的转子具有多样化的结构，衍生出的许多品种都拥有不同的性能和特点，从比较简单、普通的电动工具到科技程度较高的产品，从人们的日常生活乃至航空航天事业，从民用领域到国防领域，从农业领域到工业领域，都能看到它的身影。

六是永磁同步电动机的电源频率和转速始终保持一致，可以说，电动机转速的控制往往取决于电源频率的控制。

七是具有较宽的调速范围，这是因为永久磁铁是永磁同步电动机转子的主要材料，不需要使用励磁，即使在非常低的转速下，电动机照样可以呈现出同步运行的状态。

2．永磁同步电动机的劣势

一是电动机的铜耗将会增加。这是因为永磁体是永磁同步电动机中转子的主要材料，没有调节的功能，一定要充分发挥出定子直轴去磁电流分量的作用才能对磁场进行削弱，但是过程中电流会增加，从而导致铜耗增加。

二是磁钢在永磁同步电动机中应用较多，它的价格比较昂贵。从上文中可以得知，永磁同步电动机具有小转动惯量、小体积、高功率密度和重量轻的优点，对有限的电动汽车空间来说，十分适用。同时，较强的过载能力和较大的转矩惯量，能让汽车在处于低转速时仍能输出较大的转矩，更好地进行启动和加速。所以目前在全球的汽车品牌中，特别是电动汽车品牌中，永磁同步电动机备受欢迎并广泛应用。其中在丰田普锐斯混联式混合动力轿车上的使用最为典型。

丰田普锐斯混联式混合动力汽车上使用的电动机为交流永磁同步电动机，转子使用的是永久磁铁（也叫做钕磁铁），具有较好的低速转矩和较高的输出功率。最高电压 500V 的 THSⅡ 电动机与最高电压 275V 的 THS 电动机相比，其功率输出已从 33kW 提升到 50kW，总体提升了 1.5 倍，但是在尺寸上两者之间没有变化。可以说，在全球范围，就体积输出功率和单位质量来说，尚具有最大优势的电动机就是交流永磁同步电动机。而且该电动机对以往的高速控制方式和低速控制方式进行了保留，将全新的调制控制技术增加到中转速范围，进一步加强了电动机的控制能力。此外，还对脉冲宽度调制的方式进行了创新改进，提升了中速范围的输出值，与原来相比有 30% 的提升。

交流永磁同步发电机同样适用于丰田普锐斯汽车，其作用在于提供足够的电能给高功率电动机，促使发电机进行高速旋转，从而让输出功率不断增加。通过转子强度的增加，最终可以从 6500r/min 的转速增加到 10000r/min，不仅能让中转速范围的电力和低转速范围的加速性能都得到显著提高，还可以让处于输出最大功率状态的转速显著提升。另外，发电机还可以充当发动机中的起动机角色。当需要启动时，发动机可以依靠起动机中承担驱动分配作用的太阳轮进行旋转。

二、永磁同步电动机的检修

（一）永磁同步电动机启动故障的检修

电动机的正常启动是电动机正常运转的前提，由于电动机的启动方式不同，启动时的故障也不同。永磁同步电动机的启动方式有很多种，其中最常用的是恒压频比启动，这种启动方法可以在低速时保持较大的输出转矩，在这种启动方式下，永磁同步电动机常遇到的电动机启动问题。永磁同步电动机启动时的故障原因有较多，例如电源未接通、负载过大等，究其原因则是同步电动机定子电流产生的电磁转矩小于永磁同步电动机的负载转矩。

永磁同步电动机将电能转换为机械能，通入电流后，在定子上产生电磁转矩，针对永磁同步电动机启动时的输出电流和定子电流在转子上产生的电磁转矩进行分析，这里假定永磁同步电动机为隐极，不计磁饱和的影响，定子和转子磁动势在气隙中产生的磁场 b_s 和 b_r 均为正弦分布，转子磁场与定子磁场之间的夹角为 δ_{sr}，因此定子气隙合成磁场应为

$$b = b_s + b_r = B_s \cos\theta + B_r \cos(\theta - \delta_{sr}) \tag{5-2}$$

式中，B_s 和 B_r 为磁场的气隙密度。

由于在增加定子电流的过程中电机转子并未旋转，所以这里的 b_s 和 b_r 表示静止不动的磁场，气隙内的磁共能则为

$$\begin{aligned}
W'_m &= \int_v \frac{b^2}{2\mu_0} dv = \frac{\delta l}{2\mu_0} \int_0^{2\pi} \left[B_s \cos\theta + B_r \cos(\theta - \delta_{sr}) \right]^2 r d\theta_{mech} \\
&= \frac{\delta l}{2\mu_0} \times \frac{r}{p} \int_0^{2\pi p} \left[B_s^2 \cos^2\theta + 2B_r B_s \cos\theta \cos(\theta - \delta_{sr}) + B_r^2 \cos^2(\theta - \delta_{sr}) \right] d\theta \\
&= \frac{\delta l}{2\mu_0} \times \frac{r}{p} \left(2\pi p \frac{B_s^2}{2} + 2\pi p B_r B_s \cos\delta_{sr} + 2\pi p \frac{B_r^2}{2} \right) \\
&= \frac{\delta l \pi D}{4\mu_0} \left(B_s^2 + 2B_r B_s \cos\delta_{sr} + B_r^2 \right)
\end{aligned} \tag{5-3}$$

式中，δ 为气隙长度；l 为电动机铁芯的轴向长度；r 为气隙的平均半径；D 为气隙的平均直径。

假设在气隙均匀的情况下，气隙密度与相应的磁动势之间的关系式为

$$B = \frac{\mu_0 F}{\delta} \tag{5-4}$$

磁共能可用磁动势表示为

$$W'_m = \frac{\mu_0 l \pi D}{4\delta} (F_s^2 + 2F_r F_s \cos\delta_{sr} + F_r^2) \tag{5-5}$$

式中，F_s 和 F_r 分别为定子和转子磁动势的幅值。

可得电磁转矩 T_e 为

$$T_e = p \frac{\partial W'_m}{\partial \delta_{sr}} = p \frac{\mu_0 l \pi D}{2\delta} F_s F_r \sin\delta_{sr} \tag{5-6}$$

若忽略定子损耗，考虑到

$$F_s = \frac{\sqrt{2}}{\pi} m_1 \frac{N_1 K_{W1}}{p} (I_d + I_q) \tag{5-7}$$

于是电磁转矩 T_e 可改为

$$T_e = p\frac{\partial W'_m}{\partial \delta_{sr}}$$

$$= p\frac{\mu_0 l\pi D}{2\delta}F_r\frac{\sqrt{2}}{\pi}m_1\frac{N_1K_{W1}}{p}(I_d+I_q)\sin\delta_{sr} \qquad (5\text{-}8)$$

$$= \frac{\sqrt{2}\mu_0 l D N_1 K_{W1}}{2\delta}F_r m_1(I_d+I_q)\sin\delta_{sr}$$

由式（5-8）可见，在气隙长度、平均半径等条件固定的情况下，同步电动机电磁转矩与定子和转子的磁动势的幅值以及它们之间的夹角 δ_{sr} 的正弦成正比。对于永磁同步电机而言，转子磁动势的幅值 F_r 固定不变，若采用 $I_d=0$ 控制方法，则可得电机电磁转矩与定子电流的交轴分量 I_q 也成正比。

当电磁转矩 T_e 大于静止转矩 T_0 时电机转子才能转动。空载转矩为

$$T_0 = T_m + T_\Delta \qquad (5\text{-}9)$$

式中，T_m 为机械摩擦阻力转矩；T_Δ 为其他的附加损耗转矩。

这两部分都为固定值。机械负载转矩为

$$T_2 = \frac{P_2}{\Omega_0} \qquad (5\text{-}10)$$

当定子电场产生的电磁转矩 T_e >（T_0+T_2）时，电机才开始转动。同步电动机的启动方法有很多种，对于绕组式转子的同步电动机，可以采用异步启动的方法，先将转子绕组串入电阻，然后定子绕组通入交流电，将同步电动机异步启动，达到最高转速后将转子绕组所串电阻去除，并通入直流电励磁。随着变频器的大量使用，有着低速时输出转矩大等优势的恒压频比的方法逐渐取代了异步启动法。

永磁同步电动机的启动主要采用矢量控制方法。由式（5-8）可以看出，为了得到恒定的电磁转矩，首先要采用位置传感器将转子的位置进行检测，在得到永磁同步电机转子的精确位置的前提下，然后进行加电启动，采用这种方法可以自行控制永磁同步电动机的最佳功角，输出最大的电磁转矩。

（二）永磁同步电动机定子绕组故障的检修

1. 定子绕组短路故障分析

由于设计、制造、工艺、原材料、安装以及运行维护等方面可能存在的缺陷，永磁同步电动机在运行中会产生局部过热等问题，并可能迅速发展为匝间短路、相间短路等，这些故障的存在不仅会导致主绕组故障和绝缘结构的破坏，而且可能损坏生产线中的其他设备。提高电动机的维护和管理要求，在初期状态预测出故障并加以排除，已经成为保障生产可靠性的重要手段。传统的常规、定期预防性试验虽

然能发现一些隐患,但是对一些早期潜伏性故障不能够及时发现,而且预防性试验设备庞大而且费时,对于整个生产有不小的影响,如何能够在电动机运行的过程中进行其故障诊断和分析成为研究的重点。

交流永磁同步电动机的定子绕组一般采用在时间和空间上相差 120°的三相对称分布绕组,这是因为如果给定子的单个线圈通电,线圈产生的磁场中分数次谐波和低次谐波非常强,当给相绕组通电时,组成相绕组的各个线圈的磁通势中的分数次谐波和低次谐波将会相互抵消,最终使得相绕组中磁通势的波形中主要为基波。

2. 定子电流相位诊断的方法

当电动机正常运转时,由于采用了三相绕组的连接方式,三倍数次的谐波将会被消除,电机定子电流的特征频率表达式为

$$f_s = (6k \pm 1)f, k = 0,1,2,3,\cdots \quad (5\text{-}11)$$

由式(5-11)可知,在对称的三相绕组中,频率为 $3k$ 次的谐波相互抵消,最终合成磁动势为 0,频率为 $6k+1$ 次谐波为正相旋转磁动势,频率为 $6k-1$ 次谐波为反向旋转磁动势。然而在实际的电动机中,由于制作工艺或变频器的各种因素,使得电流频谱中会出现二次谐波和三次谐波。

在永磁同步电动机定子绕组发生相间短路或者匝间短路时,电动机绕组的对称性将会受到影响,电动机的气隙磁场中会出现比较强的空间谐波,而定子电流中的高次谐波会明显增强。定子电流的有效值将会增大,三相电流的对称性也会遭到破坏,继而导致定子电流中奇次谐波和偶次谐波的增强。

当永磁同步电动机定子绕组发生短路故障时,定子绕组的电感会因为短路匝数的改变而改变,继而自感和互感也会发生变化。当短路故障发生时,电机中气隙磁场和绕组分布的对称性同样遭到破坏,高次谐波在整个合成磁场中的影响也会增强,因此不能只单一地考虑基波的影响。

在正常运行时,永磁同步电动机定子绕组中电流在时间和空间上都相差 120°,保持对称性,但是当定子绕组发生短路时,随着定子电流中高次谐波的影响增强,定子绕组中自感和互感的变化,定子绕组中三相电流的对称性将会被打破,直接的结果是导致定子电流中的相位差改变,因此可以通过检测运行时永磁同步电动机定子电流的相位差来判定永磁同步电动机定子绕组间的短路故障。

(三)永磁同步电动机位置检测故障的检修

永磁同步电动机位置检测是其控制系统的重要组成部分,电机转子的位置信号经过控制器处理计算和分析后得到的电角度 γ,被用于矢量控制中的 PARK 变换和反变换。

$$\begin{cases} i_d = i_\alpha \cos\gamma + i_\beta \sin\gamma \\ i_q = -i_\alpha \sin\gamma + i_\beta \cos\gamma \end{cases} \quad (5\text{-}12)$$

永磁同步电动机位置检测的方法有很多种,主要有光电编码器法、旋转变压器

法、无位置传感器法等。由于旋转变压器法必须采用复杂的算法来调制永磁同步电动机的转子位置信号，无位置传感器法则要通过测量每相的反电动势来计算出转子的位置，因此在高速和重载的情况下检测出的电压信号很容易受到干扰，继而影响到所计算出转子位置的精确度。光电编码器是通用的一种常用于电机测速的传感器，内部有光电检测装置，可以直接输出数字脉冲，包括每一圈出现一次的绝对位置信号 Z 和基本信号 AB 可以根据基本信号 AB 判断出电动机转子的旋转方向和速度。结合位置信号 Z 和基本信号 AB 可以计算出电动机转子的精确位置，采用这种方法计算出来的电动机转子根据位置信号的精度与光电编码器每圈输出的基本信号 AB 的数量有关，精度比另外两种检测方法要高很多，而且输出为数字信号，可以直接和控制器连接，因此应用非常广泛。以下采用光电编码器的位置检测方法，针对采用光电编码器法对电动机转子位置获取的过程中遇到的故障进行分析。

  使用光电编码器检测电动机转子位置的过程中遇到的最主要的问题是在电动机高速过载情况下，光电编码器输出的位置信号脉冲受到干扰，导致控制器内的脉冲计数器计数错误。大部分光电编码器采用的供电电压，所输出的位置信号也为电压幅值是 5V 的数字信号脉冲，在正常使用中光电编码器必须与电动机的转子进行同轴旋转。由于光电编码器内部采用光栅来产生位置信号，因此很容易因为受到外界的碰撞而损坏。在实际应用中，为了保护光电编码器不受损坏，光电编码器一般都安装在电动机的内部，与电动机转子同轴。

  光电编码器的信号线和电源线必须通过引线连接到变频器里的控制板上，采用这种方式带来的弊端就是引线的长度越长，信号越容易受到外部的干扰，在实际的调试过程中可以看到。

  由于 Z 信号为电动机转子的某一绝对位置信号，因此当 Z 信号到来时，寄存器的值将会被清零或者进行处理。此时计算 AB 信号脉冲的计数器最大值理论值应为光电编码器输出的最大值。例如，若采用每圈输出 512 个脉冲的光电编码器，经过控制器内部的 QEP 正交编码器模块的计算，脉冲数将会被 4 倍频，即电动机每转一圈，计数器中的值将会由 0 增加到 2048。如果信号受到干扰，计数器在由 Z 信号到来前一刻的值将不是 2048，说明脉冲在传输的过程中丢失或者增加。

  由于光电编码器输出的数字信号受到线路或外界的干扰，因此这里需要对其进行滤波，可以采用传统的 RC 滤波电路对光电编码器的输出数字信号进行滤波，减少因为外界干扰而造成脉冲计数错误的概率。

（四）永磁同步电动机转子失步故障的检修

  永磁同步电动机在正常运行时，电动机转子的转速遵循公式 $N = 60f/p$。式中，N 为同步电动机转子的转速；f 为同步电动机通入交流电的频率；p 为极对数。同步电动机的转子，转子磁场和定子电流所产生的磁场必须同步，但是当电动机在正常运行中受到电源负载或者电动机本身等各种原因的干扰时，使电动机的电磁转矩与负载转矩失去平衡，而导致电动机转子的旋转速度与电动机定子所通交流电的频率不符合以上公式,称为同步电动机的失步。失步对于整个电动机控制系统以及电动机所带负载有着很大的影响和损害。

同步电动机的失步原因主要分为三种,即断电失步、带励失步以及失磁失步。断电失步主要指的是由于电源或者线路等原因引起电动机突然断电而引起的同步电动机失步。带励失步指的是在电动机转子励磁电流在正常励磁的情况下,转子磁场和定子电磁场不同步的运行状态。带励失步的主要原因有:同步电动机所带负载突变;启动过程中励磁过早。失磁失步指的是由于励磁回路断路或匝间短路等原因,造成电动机转子励磁电流消失,继而电动机转子磁场消失,最终导致转子减速,与电动机定子磁场失步。

永磁同步电动机在正常运行时同样存在电动机转子失步的故障,与普通电磁式同步电动机不同,由于采用永磁体转子,转子磁场不会出现电磁式转子因为励磁电流突然消失而引起的转子磁场消失时的情况。根据调试过程中的经验,在不考虑电源突然断电的情况下,永磁同步电动机主要的失步故障原因为负载的剧变和电动机转子的测量错误。

在正常工作中,当同步电动机的负载转矩超过永磁同步电动机的最大输出转矩时,电动机就会出现失步故障。最明显的现象为定子电流出现很强的脉动,电动机出现震动,严重时可能将电动机转轴损坏。

同步电动机的最大输出功率与电动机在不失步的前提下所能输出的最大转矩有关,因此这里可以根据同步电动机在正常运转时的最大电磁功率求得电动机的失步转矩。

由于电动机本身和外界系统都可以表示为阻抗和电压源的串联,因此,电动机功率极限的求取可以看作是在特定条件下对串联阻抗的功率极限的求取。这里的阻抗包括外界系统的阻抗和同步电动机的阻抗。

如图 5-1 所示为同步电动机阻抗简化图,两个交流电势 E_1 和 E_2 经过阻抗 $Z=R+jX$,I 为通过的电流,其向量图如图 5-2 所示。

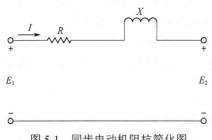
图 5-1 同步电动机阻抗简化图

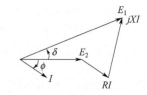
图 5-2 同步电机电压电流向量图

通过阻抗传输到负载端电压源 E_2 的电功率 P_2 为

$$P_2 = E_2 I \cos\phi \quad (5\text{-}13)$$

式中,ϕ 为电流 I 与端电压 E_2 之间的角度差。

相电流为

$$I = \frac{E_1 - E_2}{Z} \quad (5\text{-}14)$$

将相电压和阻抗用极坐标形式表示为

$$E_1 = E_1 e^{j\delta} \quad (5\text{-}15)$$

$$E_2 = E_2 \quad (5\text{-}16)$$

$$Z = R + jX = |Z|e^{j\phi Z} \quad (5\text{-}17)$$

式中，δ 为 E_1 超前 E_2 的角度。

阻抗 Z 的相角为

$$\phi Z = \tan^{-1}\left(\frac{X}{R}\right) \quad (5\text{-}18)$$

由此可得

$$I = ie^{j\phi} = \frac{E_1 e^{j\delta} - E_2}{|Z|e^{j\phi}} = \frac{E_1}{|Z|}e^{j(\delta-\phi z)} - \frac{E_2}{|Z|}e^{-j\phi z} \quad (5\text{-}19)$$

从式（5-19）的实部可得

$$I\cos\phi = \frac{E_2}{|Z|}\cos(\delta - \phi z) - \frac{E_2}{|Z|}\cos(-\phi z) \quad (5\text{-}20)$$

这里 $\cos(-\phi z) = \cos\phi z = R/|Z|$，将式（5-20）代入式（5-13）可得

$$P_2 = \frac{E_1 E_2}{|Z|}\cos(\delta - \phi z) - \frac{E_2^2 R}{|Z|^2} = \frac{E_1 E_2}{|Z|}\sin(\delta + \alpha_z) - \frac{E_2^2 R}{|Z|^2} \quad (5\text{-}21)$$

同理可得 E_1 端的功率 P_1 为

$$P_1 = \frac{E_1 E_2}{|Z|}\sin(\delta - \alpha_z) + \frac{E_1^2 R}{|Z|^2} \quad (5\text{-}22)$$

在同步电动机正常运转下，$R = |Z|, |Z| \approx X$，且 $\alpha_z \approx 0$。

因此可以得到

$$P_1 = P_2 = \frac{E_1 E_2}{X}\sin\delta \quad (5\text{-}23)$$

式中，δ 为同步电动机的功角。

由式（5-23）可以得到最大传输功率为

$$P_{1\max} = P_{2\max} = \frac{E_1 E_2}{X} \quad (5\text{-}24)$$

最大负载转矩为

$$T_{\max} = \frac{P_{\max}}{W_s} = \frac{E_1 E_2}{XW_s} \quad (5\text{-}25)$$

同步电动机在生产时就规定其最大输出转矩，即所能带动的最大转矩。当同步电动机轴承上所承受的负载转矩大于电动机所能带动的最大负载转矩时，同步电动机可能会出现失步故障。

永磁同步电动机同样会因为负载转矩的过大而引起失步故障，失步时最明显的现象为电动机转子转速剧变、震荡。这里可以位置检测装置例如光电编码器等，对电动机的转子速度进行实时检测，对电动机的速度进行分析，根据前后速度的变化值大小，判断其是否失步。

永磁同步电动机在出现失步故障时定子电流同样会急剧变化，给永磁同步电动机的变频器带来巨大的损坏，对于电动机位置的实时监测只能对同步电动机是否失步进行分析，并不能对永磁同步电动机以及其变频器产生实时保护，因此同时需要在变频器功率模块处进行电动机的定子电流过流保护。

（五）永磁同步电动机过热故障的检修

1. 永磁同步电动机温升分析

永磁同步电动机在运行时会产生损耗，一方面降低了电动机的效率；另一方面变成热能，使电动机发热，温度升高，超过周围环境温度。电动机的温度比环境温度的高出值为温升，用 τ 表示。一旦有了温升，电动机就会向周围散热，温升越高，散热就越快。当电动机单位时间内发出的热量等于散热量时，电动机的温度就不再增加，保持一个稳定不变的温升。

（1）电动机的温升过程分析 电动机并不是一个均匀的物体，各部分的发热情况不均匀，散热条件也各不相同，热源之间也同样存在着一定的热交换，所以电动机内部的热场比较复杂。在研究时假设电动机是一个表面散热均匀、内部没有温差的均匀等温物体，从而推导一些热量及温度的规律。

设 Q 为电动机在单位时间内发出的热量，单位为 J/s，在单位时间 dt 内，电动机所发出的热量 Qdt 有两个去向：一部分 $Cd\tau$ 被电动机吸收，使电动机的温度升高 $d\tau$，C 为电动机的比热容，即为使电动机温度升高 1℃，所需的热量，单位为 J/℃；另外一部分是向周围介质散发的热量 $A\tau dt$，A 为电动机的散热系数，即电动机与周围介质温度相差 1℃时，单位时间内电动机向周围介质散发的热量，单位为 J/(s·℃)。这样，可以写出热平衡式为

$$Qdt = Cd\tau + A\tau dt \quad (5\text{-}26)$$

令 $C/A = T_\theta$，$Q/A = \tau L$，得基本形式的微分方程为

$$\tau + T_\theta \frac{d\tau}{dt} = \tau L \quad (5\text{-}27)$$

其解为

$$\tau = \tau L\left(1-e^{\frac{-t}{T_\theta}}\right) + \tau F_0 e^{\frac{-t}{T_\theta}} \tag{5-28}$$

式中，τF_0 为发热过程中的起始温升。

当发热过程由周围介质温度开始时，即 $\tau F_0 = 0$，则式（5-28）变为

$$\tau = \tau L\left(1-e^{\frac{-t}{T_\theta}}\right) \tag{5-29}$$

电动机发热过程的温升曲线如图 5-3 所示。图 5-3 中曲线 1 和曲线 2 分别对应式（5-28）和式（5-29）。

由温升曲线可见，发热过程开始时，由于温升较小，散发的热量也较少，大部分热量被电动机吸收，因而温升 τ 增长较快；其后随着温度的升高，散发的热量不断增加，而电动机产生的热量则由于负载不变而维持不变，电动机吸收的热量不断减少，温升曲线趋于平缓；最后发热量与散热量相等，电动机的温度不再升高，温升达到稳定值 τL。

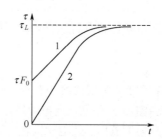

图 5-3 电动机发热过程的温升曲线

把 T_θ 称为发热时间常数，则

$$T_\theta = \frac{C}{A} \tag{5-30}$$

T_θ 表示电动机温升变化快慢的程度，表示 $t=(3\sim 4)T_\theta$ 时电动机达到稳定温度 τL，是一个表示热惯性的时间常数，单位为 s。T_θ 的大小与电动机的构造尺寸以及散热条件有关，电动机的体积越大，一般发热时间常数 T_θ 也越大。

由式（5-28）可见，当 $t=\infty$ 时，有

$$\tau = \tau L = \frac{Q}{A} \tag{5-31}$$

即发热过程终止，温度不再升高，趋于稳定值 τL，此时 $\mathrm{d}\tau = 0$。由式（5-26）可见

$$Q\mathrm{d}t = A\tau L \mathrm{d}t \tag{5-32}$$

此时电动机在时间 $\mathrm{d}t$ 内发出的热量全部向周围介质散发掉，电动机不再吸收热量，温度也将不会再升高。因此只要将稳定温升 τL 控制在绝缘材料允许的最高温度 τ_m 以内，电动机连续工作也不会过热。

（2）**电动机的冷却过程分析** 电动机的冷却过程主要分为两种情况，一种为负载减小，电动机的损耗下降；另外一种为电动机断电，不再工作。电动机冷却过程的温度曲线如图 5-4 所示。电动机的冷却过程的温升曲线变化规律方程式的形式与式（5-28）相同，其中 τF_0 为冷却开始时的温升，而 τL 为降低负载后的稳定温升，

显然 $\tau L < \tau F_0$。这种情况用图 5-4 中的曲线 1 表示。

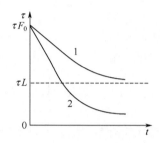

图 5-4 电动机冷却过程的温度曲线

当电动机断电后，$Q=0$，则 $\tau L=0$，式（5-28）变为

$$\tau = \tau F_0 e^{\frac{-t}{T_0}} \tag{5-33}$$

在图 5-4 中用曲线 2 表示电动机断电以后的温度曲线。

由图 5-4 可见，当电动机冷却时，发热减少或者没有了，原来存储在电动机中的热量逐渐散出，使电动机温度下降。冷却开始时，电动机的温升大，散热量也大，温度下降快，随着温度的不断下降，散热量越来越小，温度下降也变得平缓，最后趋于 τL 或者 0。

电动机带载运行时，负载越大，输出功率越大，损耗也将越大，温升越高。电动机的最高温升决定了电动机是否可以继续加载。电动机内部耐温最薄弱的部分就是绝缘材料。绝缘材料的耐温有一定限度，在这个限度以内，绝缘材料的物理、化学、力学和电气等各方面性能比较稳定。超过了这个限度，绝缘材料的寿命就会急剧缩短，甚至烧毁。这个温度限度成为绝缘材料的允许温度，就是电动机的允许温度。

当电动机在正常工作时出现定子绕线短路或故障情况，电动机的温度将会急剧上升。因此电动机的温升异常可以体现出电动机是否出现定子绕组短路等故障。

电动机故障位置往往是电动机温升异常的热源，由于故障引起故障位置的阻值或电流产生异常，继而在这些故障位置的损耗将增加，这些损耗转变为热能经过累积后最终引起电动机的温升过高。电动机温度过高将会影响电动机定子绕组的绝缘材料，缩短绝缘表皮的寿命，最终可能导致电动机定子绕组短路等故障。

除了定子绕组故障可引起电动机过热外，冷却设备的故障也会引起电动机的温度急剧上升，在正常情况下电动机一般会配备冷却设备，以防止电动机过热，当冷却设备出现故障时，电动机的热量无法散出，经过不断地聚集以后，电动机的温度也将出现急剧上升。电动机的冷却设备一般分为风冷和水冷两种。风冷即以空气为媒介来冷却电动机，常用的做法是在电动机同轴上安装风扇，与电动机同轴旋转，将电动机定子中的热量利用空气抽出，减少电动机定子的热量，以防过热引起其他故障。水冷则采用水作为媒介将电动机中的热量带出，以起到冷却电动机的作用。

水冷一般将电动机定子外壳内置入 S 形管道内,当电动机带载运行时,将管道一端通入温度较低的冷却液,冷却液在管道中流过时,将电动机所散发的热量带出,因此流出的冷却液温度要比流入时高。

永磁同步电动机在正常运行时,热源主要来自定子一侧,由于采用永磁体转子,转子一侧没有励磁绕组,因此不存在转子上的绕组发热的情况。定子侧的发热主要源于定子铁芯损耗和电动机定子绕组电阻的损耗。

2. 永磁同步电动机温度的测量方法

永磁同步电动机的温度的测量方法有很多,常用的有以下三种(图 5-5)。

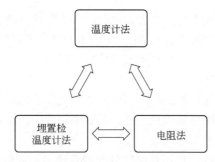

图 5-5 永磁同步电动机温度的测量方法

(1) **温度计法** 这种方法是采用各种温度计如半导体温度计、酒精温度计等直接测定温度,但是缺点为只能检测出电动机的外表面温度,无法测得电动机定子或转子侧的温度。

(2) **电阻法** 设电动机绕组在冷态温度 T_0 时的电阻阻值为 R_0,当温度上升到未知温度 T 时,电动机定子绕组的电阻阻值为 R,则可以根据式(5-34)求得此时的温度 T。

$$T = \frac{R(G+t_0)}{R_0 - G} \tag{5-34}$$

式中,G 为常数,绕组使用铜线时采用 245,绕组使用铝线时采用 234。

电阻法虽然能够根据电动机定子绕组的阻值计算出此时定子的温度,但是电阻法测得的温度是整个定子绕组的平均温度。

(3) **埋置检温度计法** 此法用于大型电动机,在电动机的绕组、铁芯等需要测温的地方,提前埋置检温计,可采用热电偶温度计或电阻温度计。这种方法可以在电动机正常运行时检测出电动机定子内部的实时温度。但在一些小型电动机中因为安装不方便、连线复杂而很少使用。

物体温度升高而散发的辐射称为热辐射。当物体的温度处在 1000℃ 以下时其热辐射中最强的波为红外辐射,发热的物体总会伴随着红外线的产生,因此根据红外线强度检测物体温度的技术正在飞速发展,越来越多的红外探测仪不断被应用在工业生产中。采用红外测温仪对正常运转中的电动机温度检测也成为电动机故障的一种快速有效的方法。

相比之前的接触式温度测量法，非接触式的红外测温仪的优点有轻便、直观、快速、价格低廉。红外测温仪是一种非成像型红外温度测量仪器，根据被测目标的红外辐射能量与温度之间具有的固定函数关系而制成。它可以直接测量目标发射的红外辐射能量，再将其转化为电能，最终将电信号放大并处理，得到被测目标的温度。采用红外测温仪可以在电动机正常运行时直接检测出电动机定子表面的温度，进而分析电动机的运行情况。

红外测温仪主要由红外光学系统、红外探测器、信号放大与处理系统和温度显示与输出系统构成。

红外光学系统就是接收红外辐射的系统，其主要目的是将被测目标所发出的红外辐射能量采集到红外探测器的光敏面上。为了将红外测温仪对准将要被测的物体，一般会配备可见光瞄准仪，以便尽可能多地将被测物体所发射的红外辐射能量采集回来，使测量结果更加精确。

红外探测器是将被测目标的红外辐射能量转变成电信号的仪器，是红外测温计的核心组成部分。红外探测器的稳定性、灵敏度等性能指标对于红外测温仪的整体性能起着至关重要的作用。

信号放大与处理系统的作用是将红外探测器输出的微弱电信号进行放大，经过噪声抑制、温度补偿和线性化修正以后送到 A/D 进行模数转换，最终转换为数字信号。

显示与输出系统主要用于将被测目标的温度显示出来，在工业生产环境中一般采用数码管和液晶等显示设备，在有些场合为了方便记录和存储，很多红外测温仪配备了记录装置或者打印设备。

第二节 交流异步电动机构造的原理与检修

一、交流异步电动机构造的原理

交流异步电动机在电动汽车领域虽然只有一定程度和范围的使用，但是在工业中得到了广泛的应用。

（一）交流感应电动机的主要结构

人们把交流异步电动机称为交流感应电动机，它是交流电动机中的一种，也是目前电动机市场中应用范围最广的电动机之一。其工作原理是让转子绕组的感应电流与气隙旋转磁场之间发生相互作用，最后使电磁转矩形成，将电能变成具有重要作用的机械能。以定子绕组相数为划分依据，交流感应电动机主要包括三相和单相两种类型；以转子结构为划分依据，交流感应电动机主要包括绕线型和笼型，其中，笼型交流感应电动机在目前的新能源汽车市场中使用较多，它在制造成本、技术维护以及结构等方面都有较大的优势。

交流感应电动机的结构与所有旋转的电动机相同，主要包括可以旋转的转子和静止的定子，而且在转子和定子之间存在气隙。交流感应电动机的性能优劣与气隙的大小有很大的关系，气隙的平均数值一般为 0.5~2mm。

1. 交流感应电动机的定子

定子绕组、机座和定子铁芯等部件构成了交流感应电动机的定子部分（图 5-6）。

（1）**定子绕组** 这部分零件在电动机中主要扮演电路的角色，当它接入三相交流电时便能发挥作用，其功能主要包括产生旋转磁场和吸收电功率。它一般是由三个绕组组成，而且这些绕组具有完全相同的对称排列结构，两两之间相隔 120°，一般呈现出三角形或者 Y 形。

（2）**机座** 机座的作用在于散热、防护和固定，其固定作用主要体现在定子铁芯和定子的前端盖及后端盖，它并不属于工作磁路的内容。铸铁是机座的主要原材料，一般塑料或铸铝材料主要用在 V 型感

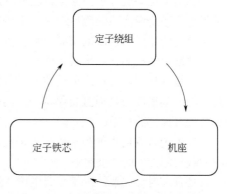

图 5-6 交流感应电动机的定子部分

应电动机上，而钢板材料主要用于大容量的感应电动机。不同种类机座的差异主要由电动机安装方式、防护方式以及冷却方式等因素决定。

（3）**定子铁芯** 定子铁芯是电动机主磁路的构成部分，主要功能是嵌入定子绕组，通常厚度为 0.35~0.5mm，它是由经过叠压作用使表面覆盖了绝缘漆的硅钢制作而成的，这有利于让定子铁芯耗费的铁量缩减。定子绕组一般是镶嵌在定子铁芯的内圆部分，里面布有均匀的槽。定子铁芯槽主要包括半闭口槽、开口槽以及半开口槽三种，其中容量较小的低压感应电动机适合半闭口槽，容量在中等偏上的高压感应电动机适合开口槽，中型感应电动机的容量一般在 500V 以下，适合半开口槽。

2. 交流感应电动机的转子

交流感应电动机的转子部分由转子绕组和转子铁芯共同组成。其中，转子绕组一般包括绕线型绕组和笼型绕组。

绕线型绕组中，以绝缘导线为材料构成的三相绕组嵌入槽内，呈现出 Y 形。用三个集电环与绕组中的三根引线相连接，加上一套电刷装置，共同作用，将转子绕组的回路与电阻串成外接关系，从而对电动机的转动速度进行调节，让电动机的启动性能得到改善。绕线型绕组和笼型转子有很大的区别，前者成本较高，结构也比较复杂，在大启动转矩和小启动电流或者调速比较平稳的状态比较适用。

笼型绕组是一个短路结构的绕组。短路绕组将每一根由铝或者铜制作而成的导体对应每一个转子铁芯的槽放入，使用端环将铁芯的两端相连接。一旦把这个结构中的转子铁芯撤掉，绕组的整体形状就与松鼠笼子类似，所以笼型绕组又被称为鼠笼转子。

转子铁芯是一个圆柱形的物体，属于电动机磁路的构成零件，一般固定在转子支架上和转轴上，通过叠压作用产生于 0.5mm 的硅钢片中。

（二）感应电动机的工作情况

1. 感应电动机中定子旋转磁场的产生

当感应电动机处于正常运转状态时，电动机中的磁场主要通过转子和定子产生，再加上转子绕组产生的感应电流，多方共同作用下，电磁力和电磁转矩随之产生。电磁转矩的作用与输出机械能的负载转矩形成抵抗关系，从而将电能转化成机械能。

感应电动机的正常运转有两个条件必不可少：一是通过电动机中转子磁动势和定子的相互作用，让旋转磁场建立在气隙内；二是气隙旋转磁场的转动速度必须比转子的转动速度快，而且要保持一定的差距，如此才能让旋转磁场和转子之间始终保持相对运转的关系。

气隙旋转磁场也就是主磁场。需要注意，定子绕组的交流磁动势是感应电动机中空载气隙磁场的主要来源。

将具有对称关系的三相交流电接通到感应电动机中，旋转的气隙磁场即可产生，其中通过气隙到达转子的磁场称为主磁场，只通过定子绕组就形成闭合回路，未能到达转子的磁场称为定子漏磁场。

同时，旋转磁场还具有切割作用，能将定转子绕组一分为二，从而让感应电动势在这两个绕组内形成。也就是说，定子绕组内的三相对称电流产生了电动机运转所需的所有气隙磁场。所以，人们又将定子磁动势叫做励磁磁动势，并将定子电流称作励磁电流。

2. 感应电动机的工作原理

当三相交流电源与感应电动机的定子绕组相连接时，呈现圆形的旋转磁场便在电动机里面产生了。如果转子不发生转动，转子绕组，即鼠笼转子，其导条就会和旋转磁场产生相对运动，形成感应电动势，通常以右手定则能确定其运动方向。当线端发生短路时，电流就会在导条中产生，此时则不需要对电流和电动势之间的相位差进行考虑，只需要将相同的电动势方向和电流方向一并考虑。如此一来，磁场中的作用便施加到导条上，根据左手定则可确定，顺时针方向为受力方向。

当有力量作用于转子时，电磁转矩随之产生，并且和旋转磁动势的运转方向保持一致。此时，转子也按照这样的方向进行旋转。一旦转子旋转的速度 n 小于定子旋转磁场的同步转动速度 n_1，受力方向、电流方向和电动势方向就会与转子旋转方向相反。不过，相对运动依然会保持在磁场和转子导条之间，电磁转矩方向也仍然与转子旋转方向一致，即顺时针方向，转子则保持旋转状态，正常运转。

转差率是感应电动机的一个重要参数，转差率一般为 0.01~0.05。感应电动机工作原理总结如下。

① 均匀分布的定子绕组通入三相正弦交流电，在定子绕组中产生旋转磁场，即同步转速。

② 旋转磁场切割转子绕组，在转子绕组中产生感应电动势和感应电流。

③ 转子感应电流仍处于定子绕组的旋转磁场当中，必定受到磁场力的作用，产生力矩使转子转动。

④ 电动机转子转速始终小于定子同步转速，保证旋转磁场始终对转子绕组进行切割，转子上持续产生感应电流，转子绕组持续受到磁场力的作用，保证电动机连续运转。

（三）交流感应电动机的控制系统

交流感应电动机控制系统的主要作用是为电动机提供变压、变频电源，同时其电压和频率能够按照一定的控制策略进行调节，以使驱动系统具有良好的转矩-转速特性。交流感应电动机的控制比直流电动机要复杂得多。

交流感应电动机的基本调速方式分为三种：调压调速、变极调速和变频调速。改变感应电动机输入电源的电压进行调速的方式称为调压调速，是一种变转差率调速方式；改变感应电动机的磁极对数，从而改变同步旋转磁场转速进行调速的方式称为变极调速，其转速阶跃变化；改变感应电动机输入电源频率，从而改变同步磁场转速的调速方式称为变频调速，其转速可以均匀变化。对于交流感应电动机调速控制，一般采用控制多种变量的方法。目前高级的控制策略和复杂的控制算法（如自适应控制、变结构控制和最优控制等）已经得以使用，以获得快速响应、高效率和宽调速范围的优势。

为了实现交流感应电动机的理想调速控制，许多新的控制方法被应用到感应电动机驱动系统中，其中较为成功的是变压变频（VVVF）控制、矢量控制（FOC）、直接转矩控制（DTC）。传统的变压变频控制，由于其动态模型的非线性不能使电动机满足所要求的驱动性能，而矢量控制可以克服由于非线性带来的控制难度，能在线准确辨识出电动机的参数，控制性能非常优越。目前随着微处理器性能的不断提高，国内外已经推出多种型号的基于矢量控制的控制器，控制性能已基本满足汽车的动力性要求。

（四）交流感应电动机的特征及应用

交流感应电动机具有以下性能特征。

① 小型轻量化。

② 易实现转速超过 10000r/min 的高速旋转。

③ 高转速、低转矩运行效率高。

④ 低速时有高转矩输出，以及具有较宽的速度调节范围。

⑤ 高可靠性。
⑥ 制造成本低。

交流感应电动机的成本低且可靠性高，逆变器即使损坏，发生短路时也不会产生反电动势，不会出现急制动的情况，因此广泛应用于大型、高速的电动汽车上。三相笼型感应电动机的功率容量覆盖面很广，从零点几瓦到几千瓦，可以采用强制风冷或液体冷却方式，冷却自由度高，对环境适应性强，并且能够实现能量回收，与相同功率的直流电动机相比，效率较高，质量要减少一半左右。

为了更好地满足以上要求，各大厂商均对交流感应电动机进行了研究开发。一般情况下，作为新能源汽车专用的电动机，由于安装条件是受限制的，而且要求小型、轻量化，因而电动机在10000r/min以上高速运转时，大多采用一级齿轮减速器实现减速。此外由于振动等恶劣的工作环境，电动机在低转速下需要高转矩，并且要求在较宽的速度范围内具有恒功率输出特性，所以新能源汽车用交流感应电动机与一般工业用电动机不同，在设计上采用了各种新技术和新方法。

出于对工作环境的考虑，驱动电动机大多采用全封闭式结构，为了框架、底座的轻量化，采用压铸铝的方式制造，也有采用将定子铁芯裸露在外表的无框架结构，而且为了实现小型轻量化，冷却方式大多采用水冷式。由于高速运转时频率升高，引起铁损坏增大，因此希望减少电动机的极数，一般采用2极或4极，但采用2极时，线圈端部的接线变长，故采用4极的情况更多些。此外，为了减少铁损坏，交流感应电动机普遍采用具有良好导磁性的电磁钢板。

二、交流异步电动机的检修

（一）准备工作与技术要求

（1）准备工作　第一，拆装设备：三相异步电动机1台。第二，拆装工具：拉拔器扳手组件、锤子、螺丝刀套件、铜棒、套筒工具、毛刷、钳子等。

（2）技术要求

① 拉螺杆的中心线要对准电动机的中心线，转动丝杠，掌握力度，切忌硬拆，拉具顶端不得损坏转子轴端中心孔。

② 严禁用锤子直接敲击端盖轴承、轴，避免轴变形、端盖受损。

③ 拆除卡环时要使用专用的卡环钳，并注意避免弹出伤人。

④ 拆除风叶时最好使用拉具，避免风叶变形损坏。

⑤ 装配时拧紧端盖螺栓，必须四周用力均匀，对角依次逐步拧紧。

⑥ 注意转速传感器和温度传感器的引线，不要使绝缘层破损。

⑦ 检查电动机的绝缘电阻，用绝缘电阻表摇测电动机定子绕组中相与相之间、各相对机壳之间的绝缘电阻，对于绕线转子异步电动机，还应检查各相转子绕组间及对地间的绝缘电阻。

（二）注重交流异步电动机构造检修的质量

① 要学会如何对交流异步电动机进行正确的拆装。当然，在拆修之前有些准备工作要提前处理好，比如需要使用的工具、详细检查和认真记录等。拆装电动机可以按照下面步骤进行（图 5-7）。

图 5-7　拆装电动机的步骤

一是联轴器和皮带的拆装。对联轴器和皮带进行拆卸时要做好相应的标识，以便后续安装；在安装工作开始之前，要将皮带和联轴器上的锈去掉，做好清洁整理工作，再进行安装。

二是端盖的拆装。拆卸端盖时首先要把轴承盖取下来，再将端盖取下来，并且将前盖和后盖标记清楚，以便后续安装端盖时能够按照事先做好的标记恢复原样。

三是转子的拆装。对转子进行拆除时，首先要将耐磨性比较强的厚纸垫在定子和转子之间，保护好定子绕组，如果绕子有一定重量，则可以发挥起重设备的作用；对转子进行安装时，要对定子里面进行全面检查，以防存在杂质，随后再装上轴承端的端盖，最后安装好转子、风扇和后盖。

② 对绝缘电阻值进行检修。维修之后的电动机一定要记得对绝缘情况进行详细测试和检查。

③ 让送电单机试运转工作，时间为 30min，测试电压、温升、电流和振动是否正常，能否备用或者带负荷运转。

④ 交流异步电动机的每一次维修和维护都要记录详细的台账，还要将相关的技术资料记录下来。

（三）交流异步电动机构造检修的操作步骤

① 抄录异步电动机的铭牌数据。
② 用手拨动异步电动机的转子，观察其转动情况是否良好。
③ 查阅相关技术手册，按手册要求及步骤拆装异步电动机。
④ 观察异步电动机的内部结构。
⑤ 按手册要求装复电动机，再次检查转子的转动情况。

第三节 直流电动机的结构原理与检修

一、直流电动机的结构与特点

（一）直流电动机基本结构

旋转的转子（又称为电枢）和静止的定子（也叫励磁），两者是构成直流电动机的主要部分。气隙则是转子和定子之间存在的间隙。

1. 直流电动机的定子

定子主要包括机座、主磁极、电刷装置、端盖和换向极，其主要功能是推动气隙磁场的产生（图5-8）。

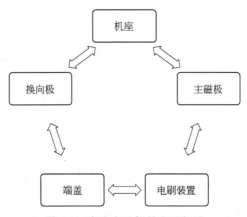

图 5-8 直流电动机的定子组成

（1）**机座** 通过焊接的方式，可以将厚钢板和铸钢制成机座。机座的功能主要包括两方面：一是固定作用，将电动机端盖、主磁极和换向极在相应的位置固定好；二是充当磁场的通路功能，其中磁轭负责导磁作用。良好的机座在刚度、导磁能力和机械强度等方面要有良好的性能。

（2）**主磁极** 主磁极铁芯和覆盖在铁芯外部的励磁绕组共同构成主磁极，其功能是构建主磁场。主磁极铁芯与转子相距距离更小的一侧较大的部分叫做极靴，其功能是削弱气隙磁阻，对主磁极磁场的分布进行改善，同时固定好励磁绕组。1~1.5mm的低碳钢板是主磁极铁芯的原材料，在冲压作用下，叠压固定成一定的形状。在螺杆的作用下，主磁极一般安装固定在机座上，励磁绕组则安装在主磁极上面。主磁极的数量是偶数，N 极和 S 极交替连接是励磁绕组中连接相邻主磁极的主要方式。

（3）**电刷装置**　主要包括压簧、电刷盒、电刷和刷瓣，刷盒里是电刷安装的位置，在弹簧的压紧作用下，处于换向器表面，让它能够较好地与换向器表面保持一定的良好接触距离。一般来说，主磁极的数量和电刷的数量是一样的，它的功能是引出或者引入直流电流和直流电压。

（4）**端盖**　机座两端是端盖的位置，转子主要依赖端盖中轴承给予的支撑力量与定子相连。端盖能起到保护直流电动机内部的作用。

（5）**换向极**　两个相邻的主磁极之间存在的小磁极叫做换向极，主要用于对直流电动机的换向状况进行改良，避免正常运转的直流电动机产生有害的火花。从结构上来说，换向极和主磁极大致一样，主要包括换向极铁芯和覆盖在铁芯外部的换向极绕组，也是在机座上用螺杆进行固定。从极数的数量来说，换向极与主磁极一致。在正常使用过程中，换向极绕组与电枢绕组进行串联，让较大的电流通过，这点又与主磁极的串励绕组类似，在导线上较大的截面积存。所以说，换向极一般在小功率的直流电动机中不会安装。

2．直流电动机的转子

在直流电动机中，转动的部分一般称为转子，也叫做电枢，由轴承、电枢绕组、转轴、电枢铁芯和换向器等组成。下面具体对电枢绕组和换向器进行详细阐述。

① 电枢绕组在直流电动机中属于电路部分，通过产生电磁转矩和电动势从而实现电能量的转换。一定数量的电枢线圈依据既定的规律进行连接，便组成了电枢绕组。这些线圈的形成主要是矩形截面的绝缘导线或圆形截面的绝缘导线，在电枢铁芯槽内分成两层，按照上下结构嵌入。需要注意的是，这些导线和线圈以及电枢铁芯必须具备绝缘属性，并且要在槽楔的作用下压得更加紧实。在大型直流电动机中，绕组支架上一般紧紧缠绕着电枢绕组的端部。

② 换向器也叫整流子。换向器主要由换向片构成，这些换向片的形状和鸽子尾巴的形状类似，组合成圆筒形。云母片在中间隔开产生绝缘作用，分别用两个 V 形环在两端夹紧，且对应的换向片还要与每个电枢线圈的首尾引线相连接。换向器在直流发电机中充当转换角色，能将电枢绕组中的交流电变成可以输出到外部的直流电，也能将直流电动机中来自外部的直流电变成交流电回到电枢绕组中，如此循环往复让电动机中电磁转矩始终保持恒定方向运转。

（二）直流电动机铭牌数据

1．直流电动机主要性能参数

凡表征电动机额定运行情况的各种数据都称为额定值。额定值一般都标注在电动机的铭牌上，所以也称为铭牌数据，它是正确合理使用电动机的依据。直流电动机的额定数据主要有以下方面。

（1）**额定电压**　在额定情况下，电刷两端输出（发电机）或输入（电动机）的电压。

（2）**额定电流** 在额定情况下，允许电动机长期流出或流入的电流。

（3）**额定功率**（额定容量） 电动机在额定情况下允许输出的功率。对于发电机，是指向负载输出的电功率；对于电动机，是指电动机轴上输出的功率。

（4）**额定转速** 在额定功率、额定电压、额定电流时电动机的转速。

（5）**额定效率** 输出功率与输入功率之比，称为电动机的额定效率。

电动机在实际运行时，由于负载的变化，往往不是总在额定状态下运行。电动机在接近额定的状态下运行，才是较经济的。

2. 直流电动机的绝缘等级

电动机的绝缘等级是指其所用绝缘材料的耐热等级，分为 A 级、E 级、B 级、F 级、H 级，允许温升是指电动机的温度与周围环境温度相比升高的限度。电动机绝缘等级与温度的对应关系见表 5-1。

表 5-1 电动机绝缘等级与温度对应关系

绝缘温度等级	最高允许温度/℃	绕组升温限值/K	性能参考温度/℃
A 级	105	60	80
E 级	120	75	95
B 级	130	80	100
F 级	155	100	120
H 级	180	125	145

在电气设备中，绝缘材料是最为薄弱的环节，绝缘材料极易受到高温的影响而加速老化并损坏。不同的绝缘材料耐热性能有区别，采用不同绝缘材料的电气设备，其耐高温的能力各有不同，因此，一般的电气设备都规定其工作的最高温度。

3. 直流电动机的励磁方式

由永磁体形成磁场的电动机称为永磁式直流电动机；由励磁绕组形成磁场的直流电动机，根据励磁绕组和电枢绕组的连接方式的不同，分为他励式电动机、并励式电动机、串励式电动机和复励式电动机（图 5-9）。汽车上常用的是并励式直流电动机和串励式直流电动机。

（1）**他励式电动机** 他励是指励磁绕组由其他的独立直流电源供电，励磁绕组与电枢绕组不连接。

（2）**并励式电动机** 并励是指励磁绕组与电枢绕组相并联。励磁绕组上的电压等于电枢绕组的端电压。

（3）**串励式电动机** 串励是指励磁绕组与电枢绕组串联，励磁电流与电枢电流相等。

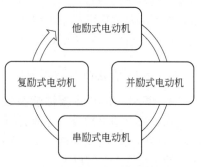

图 5-9 直流电动机的励磁方式

（4）**复励式电动机** 复励式电动机的主极上装有两个励磁绕组，一个与电枢绕组并联，另一个与电枢绕组串联，即复励是并励和串励两种励磁方式的复合。若串励绕组与并励绕组产生的磁动势方向相同，则称为积复励；反之，称为差复励。

（三）直流电动机主要特点

直流电动机主要特点如图 5-10 所示。

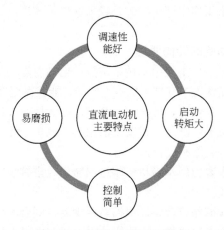

图 5-10　直流电动机主要特点

（1）**调速性能好**　直流电动机可以在重负荷条件下，实现平滑的无级调速，而且调速范围较宽。

（2）**启动转矩大**　可以均匀且经济地实现转速调节，因此，凡是在重负荷下启动或是要求均匀调节转速的机械，都可以使用直流电动机。

（3）**控制简单**　一般用斩波器控制，具有效率高、控制灵活、重量和体积小、响应速度快等优点。

（4）**易磨损**　由于存在电刷、换向器等易损件，所以必须进行定期维护或更换。

二、直流电动机工作原理与应用

（一）直流电动机工作原理

1. 直流电动机的一般工作原理

直流电动机的工作原理可以很复杂，也可以很简单，最简单的组成模型必须有的组件包括以下几种：一是拥有固定的 N 磁极和 S 磁极的永久磁铁或电磁铁；二是需要放在磁极之间的、可以旋转的铁质圆柱体，叫做电枢铁芯；三是具有绝缘导体属性的电枢线圈，应固定在铁芯表面；四是具有绝缘属性的两个半圆形铜片，即换向片，将其与线圈两端相互连接，便形成换向器；五是电刷。与铜片形成滑动关系的电刷和固定的电刷都要放在换向片上，在电刷和换向器的作用下，把外电路和线圈连接起来。

当有额外的直流电源作用于直流电动机时，便可以充分发挥出电刷和换向器的功能，让这些电流以交变的方向流过电动机电枢线圈，使产生于电枢中的电磁转矩保持不变的方向，在确定的方向下让直流电动机始终保持旋转的状态。直流电动机的电枢圆周上均匀镶嵌着很多线圈，换向器上也均匀分布着很多换向片，如此一来，能够使电枢线圈在正常工作中产生均匀且较大的电磁转矩，让电动机处于均匀的转动速度中。

2. 无刷直流电动机的转向原理

无刷直流电动机是一种不使用机械结构换向电刷而直接使用电子换向器的新型电动机，这种电动机在使用中有许多优点。例如，能获得更好的转矩-转速特性、高速动态响应、高效率、长寿命、低噪声、高转速、无换向火花、运行可靠和易于维护等，无刷直流电动机被广泛用于日常生活用具、汽车工业、航空、消费电子、医学电子和工业自动化等装置和仪表。

无刷直流电动机主要由用永磁材料制造的转子、带有线圈绕组的定子和位置传感器（可有可无）组成。

当电流与两端的线圈相连接时，根据右手螺旋定则会产生方向指向右的外加磁感应强度 B，转子处于中间位置，便能让外磁力线和内磁力线保持一致的方向，如此一来，最短的闭合磁力线回路便产生，同时在它的作用下，内转子始终按顺时针方向进行旋转。

转子在外部磁场与磁场处于同一方向时，将产生最大磁力。但当这些转子处于水平平稳位置时，力臂的数值为零。这时转动力矩虽然不会对转子产生作用，但是基于惯性作用转子还是按照顺时针方向旋转，即便两端螺线管的电流方向发生变化，转子的旋转方向也不会变，仍按顺时针方向，内转子也始终处于转动状态。通常，一般用换向来表示电流方向改变的过程。需要注意的是，转子的位置会对换向时刻产生影响，而不会对转动的速度产生任何影响。

（二）直流电动机的应用

1. 直流电动机的性能要求

直流电动机的性能要求如图 5-11 所示。

（1）**抗振动性** 由于直流电动机具有较重的电枢，所以在颠簸的路况行驶时，车辆振动会影响到轴承所承受的机械应力，对这个应力进行监控和采取相应的对策是很有必要的。同时由于振动，很容易影响到换向器和电刷的滑动接触，因此必须采取提高电刷弹簧预紧力等措施。

（2）**环境适应性** 直流电动机作为新能源汽车的驱动电机，与在室外使用时的环境大致相同，所以要求在设计时充分考虑密封的问题，防止灰尘和水汽侵入电动机，另外还要考虑电动机的散热性能。

第五章　新能源汽车驱动电机及其检修技术

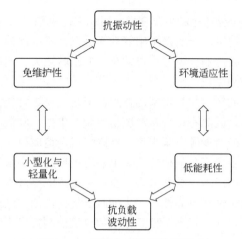

图 5-11　直流电动机的性能要求

（3）**低能耗性**　为了延长一次充电续驶里程以及抑制电动机的温升、尽量保持低损耗和高效率成为直流电动机的重要特性。近年来，由于稀土系列永磁体的研究开发，直流电动机的效率已明显提高，能耗明显减低。

（4）**抗负载波动性**　车辆在不同路况下行驶，电动机的负荷会有较大的变动，因此有必要对额定条件的设定加以重点考虑。在市区行驶时，由于交通信号密集及道路拥挤等因素，车辆启动、加速和制动等工况较频繁，不可避免地经常在最大功率下运行，此时电刷与换向器之间的电火花和磨损非常剧烈，因此必须注意换向极和补偿绕组的设计。在郊外行驶时，电动机的输出速度较高，转矩较低，一般要以高效率的额定条件运行，而直流电动机在高速运行情况下，对其换向器部分的机械应力和换向条件的要求会变得严格，因此在大型车辆的驱动系统中，大多设置变速器以达到提高启动转矩的目的。

（5）**小型化与轻量化**　为了要获得更大的车载空间以及减小整车重量，小型化和轻量化成为驱动电机的必然趋势。直流电动机的转子部分含有较大比例的铜，如电枢绕组和换向器铜片，所以与其他类型的电动机相比，直流电动机的小型化和轻量化更难以实现。目前可以通过采用高磁导率、低损耗的电磁钢板减少磁性负荷，虽然增加了成本，但可以实现轻量化。

（6）**免维护性**　对于电刷，根据负荷情况和运行速度等使用条件的不同，更换时间和维修的次数也是不同的。相应的解决方法是：采用不损伤换向器的电刷材质，并且将检查端口设计得较大，以延长电刷使用寿命和便于维修、更换。

2. 直流电动机的应用分析

直流电动机作为新能源汽车的驱动电机使用时，串励式直流电动机和复励式直流电动机以及包括永磁直流电动机在内的他励式直流电动机应用较多。通常，包括电动观光车、警用巡逻车、电动自行车、电动叉车在内的速度较低、体积较小的车辆对电动机功率的要求较低（低于 10kW），因此一般使用永磁式直流电动机，具有高效、小型的特点；而包括电动火车在内、对动率需求稍高（10～100kW）的车辆，要求转矩较大、结构简单，一般采用中等功率的电动机；此外，包括电动玻璃搬运车和电动矿石搬运车在内的大型专用电动车，要求转矩大、速度低，一般采用大于 100kW 的串励式直流电动机。

直流电动机具有低转速和低功率的特点，但是一旦进行转向动作容易受到电磁的干扰，产生电火花，因此不适合在易燃易爆和灰尘多、潮湿的环境中使用，特别是对电子化程度较高的新能源汽车来说，电磁干扰会造成巨大的损失和不利影响。而且作为直流电动机主要部分的换向器和电刷在机械运转中很容易磨损，经常要更换和维护，增加了使用成本。综合来看，直流电动机的高成本、大体积和重量大影响了直流电动机的稳定性和可靠性，大大缩减了使用范围，因此它在新能源汽车行业中的应用十分受限。如今，电子信息技术和电机控制技术不断进步和发展，诞生了许多种类的电动机，直流电动机与它们相比，没有太大的竞争优势。

三、直流电动机的控制与检修

（一）直流电动机的控制过程

1. 直流电动机启动

对电动机启动的基本要求是：有足够大的转动转矩；启动电流要小于允许值。通常要求电动机的启动电流不要超过额定电流的 2～2.5 倍。

从电磁转矩公式 $T_{em} = C_T \Phi I_a$（式中，T_{em} 为电动机转矩；C_T 为转矩常数；Φ 为每极主磁通；I_a 为电枢电流）来看，减小启动电流将使启动转矩随之减小，因此，通常是在保证有足够大的启动转矩前提下，尽量减小启动电流。另外，在启动前使气隙磁通尽可能大些，以便使一定的电枢电流产生较大的电磁转矩。因此在启动前应将磁场调节电阻短路，使励磁电流为最大值。

直流电动机常用的启动方法有直接启动、电枢回路串变阻器启动和降压启动三种方式（图 5-12）。

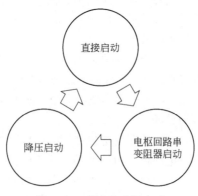

图 5-12　直流电动机启动

（1）**直接启动**　将电动机的电枢绕组直接投入额定电压的电源上，称为直接启动，或全压启动。因为启动瞬间，转速 $n=0$，电枢电动势等于 0，故直接启动电流为

$$I_{st} = \frac{U_N}{R_a} \tag{5-35}$$

式中，I_{st} 为启动电流；U_N 为额定电压；R_a 为电枢电阻。

由于电枢电阻 $R_a \ll U_N$ 因而直接启动电流将达到很大的数值，可达 10~20A。如此大的启动电流，将造成电动机换向困难，出现强烈火花，并使电源电压发生瞬时跌落，影响同一电网上其他电力设备的正常运行。因此，直接启动只适用于小型直流电动机，其优点是操作简单，不需要复杂的启动设备。

（2）**电枢回路串变阻器启动**　为了限制启动电流，启动时可在电枢回路中串入启动变阻器。为了在启动过程中保持较大的启动转矩，加速启动过程，随着转速上升，应逐渐去除启动电阻，直到全部去除。

电枢回路串变阻器启动所需设备不多，在中、小直流电动机启动中广泛应用。其缺点是启动变阻器笨重，能耗较大，故容量较大的直流电动机宜采用降压启动。

（3）**降压启动**　开始启动时，电动机电枢两端加一个低电压，随着转速的上升，反电动势的增大，逐步升高电枢电压，直至额定值。这样可以使启动电流限制在一定范围内。

采用降压启动，需要一套调压电源。以前采用直流发电机作为调压电源，通过改变发电机的励磁电流来控制发电机的端电压大小。目前多采用晶闸管整流电源，通过调节晶闸管的触发信号来控制直流输出电压大小。降压启动法的优点是启动电流小，启动过程平滑，能量损耗少；缺点是电源投资较高。

2. 直流电动机调速

直流电动机具有良好的调速性能，能在宽广的范围内平滑而经济地调速，因此，在调速性能要求高的生产机械拖动系统中，仍然得到广泛的应用。

直流电动机有三种调速方法：电枢串电阻调速；降低电压调速；减弱磁通调速（图 5-13）。因此，对直流电动机进行调速，实际上就是通过改变电动机的机械特性，使电动机的工作点运行在不同机械特性上，从而在一定负载下得到不同的转速。

（1）**电枢串电阻调速**　电枢回路串入的电阻越大，其工作点越低，电动机的稳态转速越低。电枢串电阻调速的优点是设备简单，操作方便；缺点是由于电阻只能分段调节，所以调速的平滑性差；低速时特性曲线斜率较大，转速的相对稳定性较差，限制了调速范围。

对于恒转矩负载，负载转矩保持不变，则调速前后电动机的电磁转矩 $T_{em} = C_T \Phi I_a$ 保持不变。由于

图 5-13　直流电动机调速方法

磁通不变，所以调速前后电动机的电枢电流 I_a 保持不变，输入功率（$P_1=U_NI_a$）也不变，但输出功率（$P_2 \propto T_L n$）却随转速的下降而减小，减小的部分被串联的电阻消耗掉，所以电机的损耗较大，效率较低。而且转速越低，所串电阻越大，效率越低，所以这种调速方法是不经济的。

（2）降低电压调速 因为电动机的工作电压不允许超过额定电压，因此电枢电压只能在额定值以下进行调节。电压越低，对应的稳态转速也越低。

降低调速的优点是：电源电压能够平滑调节，可以实现无级调速；调速前后机械特性的斜率不变，硬度较高，负载变化时，速度稳定性好；无论轻载还是重载，调速范围都相同，且调速范围较宽。降压调速需要一套电压可连续调节的直流电源，目前都采用晶闸管整流电源。

对于恒转矩负载，$T_{em} = C_T \Phi I_a$＝常数，又由于磁通不变，则调速前后电枢电流 I_a 保持不变。而输入功率（$P_1=U_NI_a$）随电压降低而减小，输出功率（$P_2 \propto T_L n$）随转速的下降也减小，所以电机的功率基本不变。降压调速是一种经济的调速方法。

（3）减弱磁通调速 电动机额定运行时，其磁路已基本饱和，即使励磁电流增加很大，磁通也增加很少；从电动机的性能考虑也不允许磁路饱和。因此，改变磁通只能从额定值往下调。磁通越小，对应的稳态转速越高。

对于恒转矩负载，$T_{em}=C_T \Phi I_a$＝常数。因为磁通 Φ 减小，所以调速后的稳态电枢电流大于调速前的电枢电流（I_a 与 Φ 成反比变化），这一点与前两种调速方法不同。

弱磁调速的优点：由于在电流较小的励磁回路中进行调节，因而控制方便，能量损耗小，设备简单，而且调速平滑性好。虽然弱磁升速后电枢电流增大，电动机的输入功率增大，但由于转速升高，输出功率也增大，电动机的效率基本不变，因此弱磁调速的经济性是比较好的。

弱磁调速的缺点：减弱磁通使机械特性的斜率变大，特性变软；转速的升高受到电动机转向性能和机械强度的限制，因此升速范围不可能很大。

电枢串电阻调速和降低电压调速适合恒转矩负载，而弱磁调速适合恒功率负载。为了扩大调速范围，常常把降压和弱磁两种调速方法结合起来。在额定转速以下采用降压调速，在额定转速以上采用弱磁调速。

在使用直流电动机时，必须注意：并励电动机的励磁回路不允许断开，否则电动机有可能达到危险的高速而损坏。

3. 直流电动机反转

要改变电动机的转向，只需改变电磁转矩的方向。直流电动机电磁转矩的方向取决于电枢电流与主磁场的方向。因此，对于并励和他励电动机，改变转向有以下两种方法。

（1）改变电枢电流的方向 保持励磁电流方向不变，即主磁场方向不变，对调电枢绕组接入电源的两个出线端。

（2）改变主磁场的方向 保持电枢电流方向不变，对调励磁绕组接入电源的两个出线端。

若电枢电流和主磁场的方向同时改变,则电动机的转向将不变。在实际应用中,常采用改变电枢电流方向来使电动机反转。这是因为励磁绕组的电感大,励磁电流改变方向的过程较慢,时间较长,而且绕组改接瞬间会产生较大的自感电动势,易危及励磁绕组的绝缘。

(二)直流电动机的控制方法

直流电动机的控制方法如图 5-14 所示。

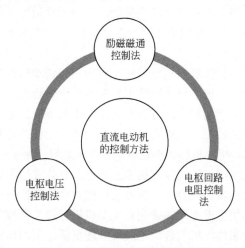

图 5-14　直流电动机的控制方法

1. 励磁磁通控制法

励磁磁通控制法适合对电动机基速以上的速度进行调节控制,具体来说是对励磁电流进行调节,让磁极磁通发生变化,从而改变电动机的转动速度。如果电动机中的电枢电流不会发生改变,那么恒功率调节速度的独特优势便能更好地彰显出来。这种控制方法具有较高的效率,缺点在于响应节奏较慢,速度调节范围较小,不超过 1∶3 的比例。

这种方式的调速过程是:通过缩减磁通,能够让电枢在机械惯性力的作用下不会迅速下降转速,这个时间差使得反电动势立即减小,增强了电枢电流。同时磁极磁通下降的速度慢于电枢电流增强的幅度,进而增强了电动机的电磁转矩。若此时不改变电动机的阻力矩,则会推动转速提高。因此需增强电枢的反电动势,缩小电枢电流,使得阻力矩和电磁转矩处于平衡状态,此时电动机运行的转动速度远远比磁通缩减之前更快。

2. 电枢回路电阻控制法

这种方式具有简便操作、简单控制的优点,缺点是调速电阻上电能消耗较大、调节速度平稳性较差、机械性较软,而且只能开展有级调速,一旦处于空载状态则无法调速,所以在新能源汽车中使用较少。具体来说,这种方法的作用原理是:在不改变磁极绕组励磁电流的前提下,让电枢回路的电阻发生变化,通过调节电枢电流控制电动机的转动速度。一旦电动机的负载达到一定范围,则需要通过主令开关和接触器增强外接的电阻,继而能增强电枢回路总电阻,缩减电动机的转动速度。

3. 电枢电压控制法

这种方式对调节控制处于基速以下速度的电动机比较适用,主要是让电枢的电压发生变化,达到对电动机转动速度进行调节控制的目的。直流电动机转动速度和电枢电压之间普遍存在线性调节关系,但是电动机的输出转矩在这个调节过程中不会发生改变,所以也被大家叫做恒转矩控制。这种方式适用于速度和范围较大、调控平稳性较强的状态,其速度调节比例一般是 1∶10,加上磁场调节的作用,甚至可以达到 1∶30。

具体工作原理是:当降低电枢电压时,阻力矩和转动速度尚未发生变化,便会降低电枢电流,同时,电枢的转动速度也会随着电磁转矩的下降而下降。而且电枢反电动势也会随着电枢转速发生同方向的变化,不断下降。电枢电流则与之发生相反的变化,增大了电磁转矩,使得它与电动机的阻力矩保持相互平衡的状态。与电枢电压降低之前相比,电动机的转动速度更慢,但运转也更加平稳。

在调节控制电流电动机的实际过程中,一般会联合使用励磁磁通控制方式和电枢电压控制方式,让两者协同合作。当电动机的转动速度比基速低时,励磁磁场不会发生变化。如果利用电枢电压的速度对电动机进行调节和控制,一般会用恒转矩调速和调压调速;如果电动机的转动速度比基速更快,可利用励磁磁通的调节作用对电动机转动速度进行控制,并用恒功率调速或弱磁调速表示。

(三)直流电动机的故障检修

1. 换向器故障检修

电动机发生各类故障的先兆会集中体现在刷火异常上,如出现飞溅状、爆鸣状、火球状和明亮状等都是换向不良问题的表现。一般环境因素、机械因素、负载因素和电磁因素是造成刷火异常的主要原因。

如果电机换向出现问题,主要表现有:电刷工作面出现碎裂、振动、较大噪声、不均匀的磨损、温度过高、雾状的微小烧痕、边边角角有损伤等。究其原因,主要是过大的电机火花、太高或者太低的环境温度、产生较大的电刷压力、太高的电阻、太多粉尘、重心偏移的换向器等。

如果换向器表面出现问题,主要表现为部分地方出现烧痕、隔片烧伤、换向片按圆周分布了许多不均匀的烧黑痕迹、隔着一个极距的烧伤等。出现这些问题的诱因包括刷火现象的产生、不平衡的转子、升高片开焊、不准确的电机定子中心位置、刷粉行为导致部分换向片发生短路现象、换向器的表层不够圆滑、分布不均匀的电刷电流等。

2. 电枢故障检修

短路故障和接地故障是电枢经常出现的问题。其中,电枢发生短路主要分为层间短路、换向片间短路和电枢绕组匝间短路。造成层间短路和电枢绕组短路的因素主要包括：潮气和酸类对绕组产生侵蚀；槽内的线圈不够紧实、线圈的绝缘属性受到机械力量的损害和破坏；电枢绕组使用时间过长导致老化或者长期过热。换向片间短路的问题最为常见，产生这种现象的因素主要包括：电粉尘进入 V 形云母环 3° 的缝隙内；导电杂质和电刷灰进入换向器的云母沟里面和升高片的根部。

此外，电枢也会发生开焊、绕线断裂的问题，主要表现为：出现大振动、大噪声、大的电枢电流波动，引起的因素有机体材料缺失、过大的负载和过大的电流。

3. 绕组故障检修

断路、接反绕组连接极性、降低绝缘电阻、匝间短路等故障是定子绕组常出现的故障问题。定子励磁绕组绝缘表面老化、受潮、覆盖炭粉和污垢是造成绝缘电阻降低的主要因素。如果励磁绕组发生多次匝间短路情况，就会在电机上集中表现为绝缘表面有烧焦印记、产生振动、绕组温度较高或者冒烟、迅速增强的励磁电流等。究其原因，主要包括检修或者搬运时不小心损伤了机械、油污或灰尘覆盖在线圈绝缘表面、进行重绕修理时导致 S 弯处发生匝间短路情况。接地故障产生的原因是对地绝缘磨损、铁芯对应的线圈不够紧实。励磁绕组发生短路或者接反情况会导致降低电动机转矩、启动较难或者无法启动等问题。

第四节 开关磁阻电动机的控制与检修

早在 19 世纪 40 年代的时候，人们就开始了对开关磁阻电动机的研究，英国的机车牵引系统也运用到这一原理。不过开关磁阻电动机的全面发展是在 20 世纪 60 年代，是受到电力电子技术、自动控制理论以及计算机技术发展的推动和作用而产生的。

开关磁阻电动机是 20 世纪 80 年代初在微电脑、控制理论以及电力电子的快速发展的推动下而逐步发展起来的，它的优势在于简单的结构、低廉的成本、可靠的运行和较高的效率等，现在也是直流电动机、交流电动机和永磁电动机调速系统强有力的竞争者。

一、开关磁阻电动机的认知

（一）开关磁阻电动机结构

开关磁阻电动机的本体结构是由定子和转子双凸级组成的，并且绕组励磁是分布在定子凸级一边的，转子这边没有绕组和永磁体；其定子和转子是由硅钢片叠压形成的；一相是由定子绕组径向相对的极串联形成的。

开关磁阻电动机具有相同相数的定子和转子,并以各种各样的方式组合起来,常见的有三种:一是三相6/4极结构,该组合方式定子的凸级有6个,转子的凸级有4个,对称的两个凸级上的集中绕组以串联的方式连接形成一相,定子凸级数量的1/2便是相数量;二是三相6/8极结构;三是三相12/8极结构。三相开关磁阻电动机指的是定子上有6个凸级,转子上无绕组的电动机;四相开关磁阻电动机指的是定子上有8个凸级的电动机。相数越多,表明步进角就越小,越有利于设备的平稳运行,也使得转矩波动减小,不过控制起来更难,会造成成本的提高。一般用公式 $n=360°×2/(8×6)=15°$ 来计算步进角。通常来说,只有超过三相的开关磁阻电动机才具备自启动能力。三相、四相以及五相是现在普遍采用的。

(二)开关磁阻电动机特点

与交流电动机相比,开关磁阻电动机驱动系统的优势在于具有较低的设计成本、较好的运行效率、较好的调速性能和散热性能,以及运行更加可靠和稳定。具体来说,开关磁阻电动机驱动系统的优势和特征如下。

① 开关磁阻电动机具有简单、紧凑的结构,高温、高速环境也不会影响其运行。凸级结构上既没有绕组,也没有永磁体,是开关磁阻电动机的主要特征所在,这样就能使其在运行中产生较小的转动惯量,加、减速反应更快,因此在高速旋转的工作环境中是比较适用的。定子绕组采用的是集中绕组的方式,制造简易,冷却也很快,这使得其在一些恶劣条件下也能稳定运行。

② 功率转换器具有简单的结构和较好的容错能力。转矩和励磁绕组不会受到电流方向的影响,这使得功率转换器的开关器件数量得以减少,系统处于一种短相的工作状态,所以具有较强的容错能力。系统中的任何一个功率开关器件都是串联在绕组上的,这也有效地防止了系统内产生短路,大大简化了功率电路的保护电路,让系统具有更高的可靠性。

③ 具有更多的可控参数和更好的调速性能。开关磁阻电动机驱动系统的可控参数较多,包括关断角、开通角、相电流幅值以及相绕组电压等,控制起来较为便利,并可以通过各种控制方式来提升电动机运行的状态,在没有辅助开关器件时也能进行电动机的四象限运行。

④ 具有较大的启动转矩和较宽的调速范围。开关磁阻电动机具有较大的启动转矩,其恒功率运行可以在较宽速度范围内予以实现,在启停频繁和正反向交替运行的情况下是非常适用的。

⑤ 具有较小的功耗和较高的效率等优势。开关磁阻电动机转子上没有绕组,这有利于降低电动机铜的损耗,而且在较快转速和较宽功率范围内都具备较高的效率。

(三)开关磁阻电动机调速系统

1. 开关磁阻电动机调速系统特点

与直流调速系统以及交流调速系统相比,开关磁阻电动机调速系统的特点表现在以下几个方面。

① 调速性能好，系统有四个可控参数：一是开通角，它主要用于控制绕组电流和波形，以此来达到对电动机的转速、转向以及转矩进行控制的目的；二是关断角，主要用于对绕组电流波形等进行控制，并能实现一定范围内转矩的调节和控制等；三是绕组相电流幅值，主要用于控制电动机的转速和转矩；四是直流电源电压，主要是对直流电源电压的输出进行控制，以便更好地调节电动机的转矩和转速等。

② 调速系统结构简单、可靠，能够在恶劣条件下运行。SR 电动机的转子既没有绕组，也没有永磁体以及集电环，其转子铁芯是由硅钢片叠压而形成的。同时采取了集中式绕组作为定子绕组，具有较短的端部接线，结构非常简单。SR 电动机的转矩方向不会受到绕组电流方向的影响，因此只要具备单向电流就能使用功率变换器，这只需要运用少量的开关器件就能够实现，而且也不存在逆变器直通短路故障等。

③ 在宽广的转速与功率范围内均具有较高的效率。电动机具有较大的转矩脉动，现在的一个研究方向和重点就是如何将电动机的转矩脉动减小。

2．开关磁阻电动机调速系统组成

开关磁阻电动机调速系统主要由以下几个部分组成：一是开关磁阻电动机，二是功率变换器，三是微机控制器，四是转子位置传感器。其中开关磁阻电动机又包括以下几个部分（图 5-15）。

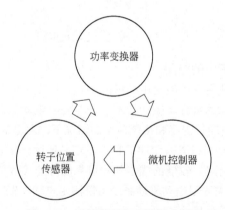

图 5-15　开关磁阻电动机组成部分

（1）**功率变换器**　这一器件可以对电源提供的能量进行转换并予以传递，经由蓄电池后转变为直流电。因为 SRM 绕组是单向电流，所以其功率变换器采用简单结构的主电路即可实现，加上相绕组是串联在主开关器件上的，所以不会出现短路故障等。

（2）**微机控制器**　系统的中枢部分是微机控制器。它可以对速度指令、电流传感器、位置传感器以及速度反馈信号等予以综合处理，并对功率变换器的主开关器件工作状态进行监控和控制，从而达到控制 SRM 运行状态的目的。

(3)转子位置传感器　电磁式、光电式、磁敏式以及霍尔式是常见的转子位置传感器形式,一般设置在电动机的非输出端。

光电式位置检测器包括齿盘和光电传感器两个部分。齿盘截面类似于转子截面,安装在转子上,而光电传感器则安装在定子上。随着转子的运行,光电传感器需要对转子齿的位置信号进行检测。

(四)开关磁阻电动机应用和发展

最近,开关磁阻电动机得到了快速的发展,并在电动汽车领域、纺织工业、焦炭工业、家电行业得以广泛运用(图5-16)。它功率运用非常之广,达到了10W~5MW的范围,转速也已经达到了100000r/min。

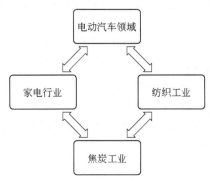

图5-16　开关磁阻电动机应用

1. 在电动汽车领域的应用

电动汽车是最先使用开关磁阻电动机的领域。现在主要包括永磁无刷和永磁有刷这两种电动汽车及电动自行车驱动,不过开关磁阻电动驱动的优势还是不可取代的。若在关键指标为高能量密度和系统效率的情况下,肯定是首选开关磁阻电动机。SRD开关磁阻电动驱动系统具有紧凑的特点,在高速运行状态下是非常适用的,而且具有较简单的驱动电路、较低的成本和较可靠的性能等优势,还能进行四象限控制,这都使得SRD开关磁阻电动驱动系统可以满足电动车辆运行的各种需要,所以在电动汽车中也得到了普及。

2. 在纺织工业的应用

目前来说,国内的纺织机械行业发展势头非常强劲,机电一体化技术也越来越娴熟化。它是由先进的信息处理和控制技术所组成的,是基于计算机的发展而产生的,主要包括工控机、单片机、可编程逻辑控制器等先进驱动技术组件。棉纺织设备是一种典型的机电一体化产品。无梭织机的主传动技术也利用了开关磁阻电机,这也是在技术上的一大突破,达到了减少器件如电磁离合器、制动盘的使用的目的,并能够节省10%的能量。国内已经出现了开关磁阻电机和驱动器等有关的产品,并通过联合无梭织机主机厂进行了应用技术的开发和研究。

3. 在焦炭工业的应用

开关磁阻电动机具有较大的启动力矩和较小的启动电流等优势，因此在频繁重载启动的情况下得到了较多的利用，并达到了维护简单、节能等目的，所以在矿井输送机、电牵引采煤机和中小型绞车等领域得以普及。

国内研制的 110kW 的开关磁阻电机和 132kW 的开关磁阻电机的运用比较广泛，并得到了工人们的认可和喜爱。同时国内也尝试在电牵引采煤机中运用开关磁阻电动机，通过试验也获得了较好的反馈。同时还在电机车上采用了开关磁阻电动机并获得了成功，促进了电机车运行的稳定性和效率性的提升。

4. 在家电行业的应用

人们日益富足的生活使得洗衣机成为家庭生活必备的电器，而洗衣机的发展也经历了几个阶段，首先是手动机械化，其次是半自动，最后是全自动。由此可见，其也是向着智能化方向发展的，并且现在已经由无极调速电机取代了之前的有极调速电机。开关磁阻电动机具有成本低、性能高等特点，所以在洗衣机领域得到了广泛的运用，其在洗衣机的快速安全停机、软启动、电流限幅、衣物分布性以及滚筒平衡性等方面产生了积极的作用。

二、开关磁阻电动机的控制

开关磁阻电动机控制系统主要由功率变换器、控制器、位置传感器等组成。功率变换器为开关磁阻电动机的运行输送能量，由动力电池组或交流电整流后得到直流电供电，开关磁阻电动机绕组电流是单向的。控制器通过对指令、速度、电流以及来自位置传感器的信息进行汇总处置，并管控功率转换器的工作模式，最终控制开关磁阻电动机的工作状态。

开关磁阻电动机控制参数包括相电压、相绕组最大值、开通角和关断角等，目前主要使用的控制方式有：电流斩波控制（Current Chopper Control，CCC）、电压斩波控制（Chopper Voltage Control，CVC）和角度位置控制（Angle Position Control，APC）。斩波是指将直流电变成为另一个固定电压或可调电压的直流电，也称为直流-直流变换器（DC/DC Converter）。

（一）开关磁阻电动机的电流斩波控制

限制电流斩波时，能使电动机的开通角和关断角维持不变。根据限制斩波电流的上限幅值和下限幅值，电动机的转矩和转速可以进行相应的调整。具体操作方法有两种。

（1）对电流的上限幅值和下限幅值进行限制 设置电流的上限幅值和下限幅值，也就是在一个操作周期里面，设置最大电流和最小电流。如果相电流高于设置上限则关断这个功率器件，当相电流下降并达到设置的下限时，该功率器件可再次开通，此过程不断重复。按照这样的操作，在一个周期内电感的变化率一直变化，斩波频率不均匀。当电感变换率大时，电流会快速上升，斩波频率相应较高，开关容易受到损耗，但优势是转矩脉动小。

（2）**固定电流最大值和电流关断的时间**　这种操作方法与第一种操作有所不同。如果相电流值比电流斩波的最大值高，会关断功率器件，然后需要等待固定时间段后器件才会重新开通。也就是说，达到再次开通的触发条件不再是电流的最小值，而是固定的关断时间。由于影响电流下降的因素很多，比如绕组电感量、电感变化率、转速等，所以每一次电流的最小值各不相同。关断时间的长短会影响相电流的脉动，所以，设置关断时间要以电动机实际的运转情况为基础。

限制电流斩波后会表现出三个特点。

① 适宜的操作状态。电机处于低速运转过程中，绕组旋转电动势低，电流会快速上升；制动过程中，旋转电动势与绕组端电压方向一致，与低速运转相比，电流会更加快速地上升，此时对电流斩波实施限制可以应对电流的峰值，电机可以输出恒转矩。

② 电机输出恒转矩，电流斩波控制后电流的波形为幅度较宽的平顶形状，所以电动机可以输出稳定转矩，相比其他限制方式，这种方式输出转矩时脉动较低。

③ 调速系统对负载扰动的应激反应较慢，限制电流斩波时，如果电机受到负载扰动，其转速会突然发生改变，因为电流的峰值受到控制，不能进行自主调整，对于负载扰动，系统的应激反应会非常迟缓。

（二）开关磁阻电动机的电压斩波控制

电压斩波控制是在某相绕组处于导通时，将 PWM 信号添加到主开关的控制信号内，控制绕组端电压高低的过程，其采用的手段是控制占空比，相电流值也会随之变化。实际操作方法是，将开通角和关断角进行固定，由 PWM 信号控制主开关器件的开关，而 PWM 信号的占空比是可以调控的，相绕组的平均电压也会随之变化，从而输出不同转矩。电压斩波控制的特点如下。

① 通过电压斩波控制斩波频率和占空比的方式具有很好的可控性能。通常将斩波频率设置成恒定值，即可确定合适的斩波频率，相电流频率相应可控。

② 占空比与相电流的最大值的关系是线性的，PWM 的占空比变化时，相电流的最大值也随之变化。

③ 控制 PWM 信号可以调控绕组电压的平均值，从而间接地控制绕组电流，避免电流过大。也就是说，这种方法可同时用于高低速运行状态。

④ 电压斩波控制方式在转速调控系统中优势明显，当遇到负载扰动时，其反应迅速。不过，这种方式也有不足之处，即由于转矩脉动相对比较大，限制了系统的调速范围。

（三）开关磁阻电动机的角度位置控制

角度操控方式在实施时需要维持恒定的电压，控制开通角和关断角使电流曲线发生变化，并改变电流曲线与绕组电感曲线的相对位置。在 APC 调控下，开通角发生变化后，电流曲线的宽度和最大值、电流有效值、电流曲线与绕组电感曲线的相对位置都会发生变化，最终影响输出的转矩。关断角的变化通常不会使电流最大值发生改变，但是它会使电流曲线的宽度和与绕组电感曲线的相对位置发生改变，电流的有效值也会因此发生改变。总之，关断角对电机转矩的影响比开通角小，在实际的操作中，通常保持关断角不变，通过变化开通角进行操控。此外，确定哪个关断角保持不变至关重要，当绕组电感降低时，需要保证相绕组电流快速下降为零。不同的转速与转矩会有对应的运行点，开通角与关断角可进行各种不同的组合，设定最好的控制角度，需要综合分析电磁功率、效率、转矩脉动以及电流有效值等多个操作数据。系统运行控制过程中，应始终坚持的准则是，电流曲线必须处于电感曲线的下降区间，当电机运转时，关键的电流曲线需处于电感曲线的上升区间。

角度控制手段的特性有：

① 转矩可进行大范围的调控，当电流处于角度控制时，占空比的范围可以达到 0～100%；

② 具有可以变化且数量较大的同时导通相数，当电动机输出大转矩时，其转矩脉动很小，所以电动机出现负载变化后，对同时导通的相数进行自动增减，可以使电动机的负载达到平衡状态；

③ 电动机具有高效性，完善角度后，当电动机处于不同负载情况下可以维持高效率；

④ 低速运行的系统不适合采用角度控制，角度调控下，电流峰值会被旋转电动势约束。低转速下获得的旋转电动势较少，相电流的最大值可轻松超越允许值，所以，角度控制方式多用于高转速系统。

（四）开关磁阻电动机的组合控制

在操控开关磁阻电动机时，基于实际运行状况和不同控制方式的优势与不足，可以将上述不同控制方式进行组合运用，使电动机调速系统达到最优的性能。当前，有两种常见的组合控制方式。

（1）组合运用高速和低速电流斩波控制　高速运行时使用角度控制方式，低速运行时使用电流斩波控制方式，以充分利用它们的优势。这样的组合控制方式的不足之处是当系统处于中速运行时，对过渡阶段不易把控。具体的操作要求是，升速转换点和降速转换点两者之间要预留回差，升速转换点比降速转换点要稍微高一些，这样可以防止电动机遇到速度改变时出现频率变化。

（2）组合运用变角度电压 PWM 进行控制　电压 PWM 可以调控电动机的转速和转矩，对功率器件的触发角进行调控可以防止相电流变化延迟。采用这种操作方式时，转速和转矩可以在较大范围进行调控，电动机在高速和低速运行时都具有良好的可控性，并且两种操控方式不需要进行转换。所以，这种组合操控方式在当前的应用是最为普遍的。

三、开关磁阻电动机的检修

① 按正确流程操作,避免发生电气故障,延长电动机的使用时间。在开机之前应接通冷却水,防止电动机或者功率元件受到损伤,避免电动机烧毁。机器关闭后,冷却水需要保持接通状态,并保持 10min 以上,这样可以降低功率元件和电动机绕组的温度。

② 严格限制开机的间隔时间。两次开机务必保证间隔 10min 之上,以便为 SRD 系统的电容器预留充足的放电时间,保证启动正常。

③ 在修理或者替换电源装备的过程中需要防止静电带来的损害。在查验时,必须对控制面板上的电位器进行固定,避免出现过电流保护动作值而发生误动作,否则很可能出现牵引电动机的过流保护造成发动机损坏。

第六章 新能源汽车驱动电机控制技术的实践应用

第一节 新能源汽车中电动水泵的应用

从动力源角度分析,汽车水泵大致可以分为机械式以及电动式两种基本类型。两者相较而言,电动水泵展现出了独有的优势,这是因为电动水泵的冷却系统在发动机停止工作后仍然能够起到制冷效果,其效率更高、效果更好。

水泵在整个冷却系统中扮演着十分重要角色,其主要作用是为发动机提供源源不断的冷却液,使冷却液更加快速、高效地送往不同部件,进而使发动机温度始终保持在正常工作的范围之内。发动机中还设有散热器,主要功能是将发动机中的热量排出。

一、汽车用水泵的类型划分

根据驱动形式的不同,汽车用水泵大致可分为机械型以及电动型两种基本类型。就目前发展而言,我国采用的绝大多数汽车用水泵均为机械水泵,只有一些相对高级的发动机才使用电动水泵。

(一)机械水泵

机械水泵的运行依赖发动机的曲轴,通过皮带传动,按照特定速率与发动机同时工作,存在一定的优势,但仍具有很多不足之处。随着负载的不断增加,发动机所产生的热量也会随之增多，发动机的转速也相对较快，这时水泵也处于高速工作的状态；但当转速相对较低，而负载又较大时，就会出现散热过多而冷却液不足的现象，这是因为发动机的转速会直接影响水泵的转速，进而影响工作效果。转速过低就会导致热量无法散发，发动机的温度自然也会升高，最终影响发动机的正常工作。下面就机械水泵的基本结构进行介绍（图6-1）。

（1）**带轮** 皮带传动采用的齿形不同使传动带轮存在一定差异，常见的传动带轮有胶带轮以及齿形轮两种。随着发动机设计的不断进步，齿形传动带轮的应用越发广泛，水泵与压缩机以及发动机之间依靠齿形带轮连接在一起。

（2）**泵轴** 泵轴是机械式水泵的重要组成部分，材料通常为锻钢。泵轴的一侧是水泵叶轮，而另一侧则安装皮带轮系。发动机正是通过曲轴完成驱动的。

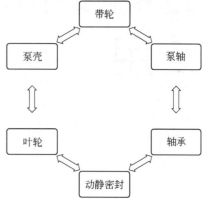

图6-1 机械式水泵的基本结构

（3）**轴承** 水泵轴承在水泵工作过程中发挥着至关重要的作用。若水泵不能正常工作，绝大多数时候就是因为轴承出现故障，可见轴承在发动机中的重要地位。随着科技的不断进步，发动机也逐步向大功率方向迈进，这对轴承的耐热能力以及稳定性提出了更高的要求。除此之外，轴承还应当具备一定的封闭性，这样才能提升其工作效率。发动机中的各个轴承实际上是紧密相连的，双支承轴并不依赖内圈工作，而是依靠外圈进行整体工作的。在承载度保持不变的情况下，此类轴承的尺寸会直接影响其承载能力。

（4）**动静密封** 密封的主要目的是防止冷却液溢出，除此之外，发动机内部要求冷却液与轴承必须分离，以免影响轴承工作。目前绝大多数水泵都有动静密封装置，陶瓷水封是最常见的密封形式，但容易被冷却液中的一少部分固体划伤，尽管水封的工艺在不断加强，但仍存在着一系列的技术难题。

（5）**叶轮** 叶轮也是水泵的核心组成部分，一般叶轮的材料大多为工程塑料，一部分为金属，形状多为圆弧状的叶片，这也是将其称为叶轮的主要原因。叶轮的叶型并不是随机设定的，而是要与水流动的方向保持一致。金属叶轮被广泛应用于轿车上，一旦金属出现腐蚀现象，叶轮的工作就会受到影响，而工程塑料所制成的叶轮的抗腐蚀性明显优于金属叶轮，这也就使塑料叶轮的使用率大大提升。

（6）**泵壳** 水泵的外部一般都装有泵壳，泵壳与发动机是一体化的，两者在制作过程中保持同步，泵壳的出口与发动机直接相连，将冷却液直接作用于发动机。

（二）电动水泵

相比于机械水泵，电动水泵设有控制单元，主要通过对转速的控制，进而控制整个水泵，而又不会对发动机的工作造成影响。电动水泵最大的优势在于可以根据发动机的实际情况，对水泵进行智能控制，结合发动机的实时工作状况，按需为发动机提供冷却液，并且电动水泵所消耗的功率也相对较低。

根据结构的不同，电动水泵可以被划分为直接驱动型水泵以及间接驱动型水泵。前者与机械式水泵的工作原理基本相同，实质上就是将机械式水泵中的皮带用发动机代替；后者则是对水泵的内部结构进行了调整，将机械式水泵中所用到的动静密封去掉，换为橡胶轴承，让冷却液直接与转子相接触，这样不仅能够起到润滑的作用，还能够达到冷却的效果。采用该结构，能够在极大程度上节约成本，但对技术工艺的要求相对较高。此结构通常被应用于直流供电的电动水泵中，以满足一些高压电机的要求。

二、电动水泵在新能源汽车上的应用

（一）电动水泵的应用选型

电动水泵在新能源汽车的应用选型格外重要，具体步骤如下。

① 准确计算热负荷：冷却系统的热载荷的计算需符合叠加性原理，通过叠加性可以计算出整个系统能承受的最大热量。除此之外，精确计算热负荷还能够绘制出相应的散热曲线。

② 模拟系统零件水阻：在满足系统正常工作的前提下，系统的水阻以及流量可以在一定范围内上下浮动，波动范围与部件的散热特性有关。上面所提到的最大散热量，实际上就是结合系统水阻所计算出的值。

③ 结合流量、最大散热量、水阻的具体情况，对水泵进行预选。

④ 预选后，需要对水泵的特性进行模拟仿真，观测其流量、转速以及水阻变化，通过采集、分析数据，最终选择最合适的水泵。

（二）电动水泵的应用实践

新能源汽车是指采用非常规的车用燃料作为动力来源，技术原理先进、具有新技术和新结构的汽车。新能源汽车的发动机与汽车的运行速度互不影响，下面以混动汽车为例展开具体介绍。当汽车处于纯电动工作状态时，汽车的发动机并不工作，导致曲轴也不能转动，此时采用机械水泵，主发动机需始终处于工作状态，发动机依然需一定量的冷却液，这就要求冷却系统必须设置电动水泵。

新能源汽车在使用过程中均会面临上述所提到的问题，这也正是电动水泵被广泛应用于冷却系统的重要原因。与传统的机械水泵相比，两者在设计理念上存在一定的差异，且电动水泵的优势更加明显。其一，机械水泵的稳定性相对较差，传输的准确性也远不及电动水泵，工作效率也与电动水泵具有较大差距；其二，叶轮设计有所不同，机械式水泵的叶轮多为半封闭型，电动水泵则采用全封闭式的叶轮，在提高稳定性的前提下，还能够减少不必要的损失。随着电动水泵零部件高度集成化的逐步实现，还应当将水泵的转速提升，这样才能够减少叶轮所占据的面积，而这一切的前提是水阻需要保持在正常工作范围内。电动水泵的发电机与其他水泵也存在一定差异，电动水泵采用的是自感电机，此电机最明显的特点就是它是与控制器直接相连，可以通过 PWM 控制电机的工作速度。

新能源汽车的各个零部件对冷却液的需求各不相同，这也使得其对水泵的需求也存在差异。轿车所需要的功率相对较小，通常在 200W 以下，这种电动水泵可以使用直流电源进行供电，也不需要动静密封。对于一些燃料消耗型汽车而言，电动水泵的功率需要达到 400W，这是因为此类汽车对冷却液的需求相对较大，水阻也很高，综合考虑，燃料消耗型汽车应当采用高电压的水泵。

第二节　新能源汽车动力总成传动系统技术及其应用

一、传动系统技术的发展

（一）单电机传动系统

纯电动汽车通常使用单电机传动系统，所谓的单电机系统与传统的内燃机汽车所采用的传动系统十分相似，两者均包括电动机、电源、控制器、变速器等基本组成部分。单电机传动系统相比于其他系统而言，其稳定性好、工作效率高、生产方便。

当然，单电机传动系统也存在一定的问题，当纯电动汽车处于工作状态时，系统要求发动机能够实现大功率输出，通过增大发动机的尺寸达到提高性能的目的，但这在一定程度上也制约了纯电动汽车的发展。随着技术的不断进步，纯电动汽车的单电机传动系统已经相对成熟、稳定，但为了满足人们日益提升的生活需求，纯电动汽车仍具有很大的发展空间。

（二）主电机+轮毂电机传动系统

除了单电机传动系统外，主电机+轮毂电机传动系统也扮演着十分重要的角色，此系统涉及两个电机、一个控制器以及一个变速器。其中，主电机在传动过程中发挥着至关重要的作用，主电机+轮毂电机系统的优势就在于能够为汽车运行提供足量的功率，汽车处于任何工作状态下，电机都能满足需求。轮毂电机配合主电机，两者相互作用，能够共同带动汽车运行，除此之外，轮毂电机还能够发挥一定的保护效果。

前轴驱动是主电机+轮毂电机传动系统最基本的原理。在保证能达到额定功率的前提下,轮毂电机还能够实现辅助驱动,即使遇到恶劣天气,发动机的散热效果也不会受到影响。

(三)双电机双轴驱动纯电汽车驱动系统

纯电动汽车双电机双轴驱动系统可谓是一种技术相对先进的新型驱动系统,这是电动车发展史的一次飞跃。它将电动汽车的前后桥之间建立连接,使得整个系统性能更加完善、联系更加紧密。纯电动车最核心的三个组件,即电动机、驱动桥、减速器,三者之间相互作用,构成了具有内在联系的平行关系。

之所以要采用两台发动机,是因为要克服车辆超负载运作时所面临的问题。双轴驱动的优势,主要体现在制动时间明显缩短,制动距离也相应减少,使汽车的性能大幅提升,这对于汽车的能量利用而言是非常重要的。

二、混合动力总成系统的应用

混合动力总成系统的应用如图 6-2 所示。

(1) **串联技术混合动力系统** 串联技术的混合动力系统利用发动机的动力实现发电机的发电,电机控制器向电池或电动机发电,然后通过其产生的电磁力矩来驱动电动车整车运行。通过电动机、发动机和传动系统之间可进行动力传输。在发电机和电动机之间进行储能的装置是蓄电池,它的一项功能是平衡功率,配备串联技术的混合动力系统的电动汽车具有启动频率高、行驶速度慢的运行特点,最适合作为城市电动公交车。在这样的设计结构下,

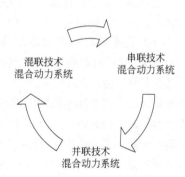

图 6-2 混合动力总成系统的应用

发动机通过调整,保持最优的工作状态,通过调节电动机和蓄电池,实现对车辆进行速度的调整。

(2) **并联技术混合动力系统** 并联技术混合动力系统中,发动机和电动机是两套驱动系统,既可以独立为汽车驱动,也可以根据不同路况共同或单独为汽车提供动力,操作非常便捷。汽车爬升时,可同时由发电机和发动机提供动力,提升到一定速度后,汽车可只依靠发动机运转来保持车辆速度。并联技术混合动力的汽车,行驶速度稳定时,发动机效率高、重量轻,快速行驶时可更好地节约燃油。

(3) **混联技术混合动力系统** 混联技术动力系统兼具前面两种系统的特点,在实际行驶时,可以充分利用两种系统的优点。发电机、电动机和发动机三个部件都做了最大程度的改良和重新匹配,全新的结构使运行模式具有可行性,运行时系统可达到最佳状态,达到符合排放标准和降低油耗的目标。

第三节　新能源汽车的独立循环水恒温控制系统应用

当前，新能源汽车发展迅速，研究、开发和测试新能源汽车核心零部件的需求越来越多，这其中，电磁兼容测试项目具有至关重要的作用。根据国际和行业电磁兼容执行标准，测试的正确性和可重复操作性是前提条件。测试时，样品的工作状态应做到与实际工作状态十分接近。所以，样品需要保证精确的恒温。

一、新能源汽车中独立循环水恒温控制系统的硬件组成

独立循环水恒温控制系统的主要部件有三菱 PLC 可编程控制器、触摸屏、温度传感器、压力传感器等（图 6-3）。

（1）**三菱 PLC 可编程控制器** 在工业控制领域，三菱 PLC 可编程控制器用途甚广，它具有多种功能，并且价格适中、性能可靠、方便修理。独立循环水的恒温控制系统的主控制器是三菱的 FX3U-16M 型 PLC，这款控制器属于第三代，可进行编程，内存的 RAM 存储器容量为 64K；内核具备高速处理能力，可快速进行处理；触点可以进行扩充，最多可达到 384 个触点。

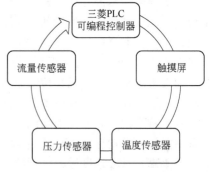

图 6-3　独立循环水恒温控制系统的主要部件

（2）**触摸屏** 这套恒温系统的人机交互操作界面使用触摸屏。操作人员可通过触摸屏设置温度、压力以及流量数据，将数据录入 PLC。与此同时，PLC 可将系统的各项参数实时呈现在触摸屏上相应的界面中。如威纶 MT8121iE 型号的触摸屏，屏幕尺寸为 12.1in（1in=2.54cm），分辨率为 1024×768，已达到高清标准，通信方式有 USB、RS-232 和 RS-485 三种。

（3）**温度传感器** 安装温度传感器后可以实时监控系统内循环水的温度，这样可以做到对水温精准的把控。温度传感器将水温数据传输至 PLC，根据这些数据，可以精准地闭环管控水温。这套恒温系统所使用的温度传感器是 PT100 型热敏电阻，通过对流过热敏电阻的电流值进行测算，并采用映射关系，可计算出所需的温度数值。

（4）**压力传感器** 压力传感器负责测算压力数值，PLC 通过实时监控压力数据

掌握系统内各条管道的压力情况，预防压力过大产生不良后果。当出现压力瞬间下降的情况时，PLC 可以做出推断，如果是系统管道出现接口脱落的情况，可以通过操控管道的电子阀门采取紧急指令。独立循环水恒温控制系统配备的压力传感器型号是 MIK-P300G 型，测压范围为 0～0.6MPa，输出信号范围为 4～20mA。压力传感器连接方便，可直接连接计算机接口卡、控制仪表、智能仪表或 PLC 等，同时可以满足较远距离信号传递的需求。此外，此型号的传感器全部为不锈钢材质，具有密封结构，体积和重量适中，可以满足各种不同的工作环境。

（5）**流量传感器** 流量传感器可对循环水的流量进行实时监控，PLC 根据监控的数据对水泵输出转速进行把控，从而将流量控制到合适的大小。分析输入和输出水箱的数据，可以对管道中是否有缓慢流动的漏液做出推断，尽早发现问题可以排除安全隐患。这套恒温系统配备的流量传感器型号为 MIK-LDG-DN20，每小时可测算 1.2～5.0m³，信号输出范围同样是 4～20mA。

二、新能源汽车中独立循环水恒温控制系统的界面设计

独立循环水恒温控制系统的操作界面由四部分组成：开机界面、主界面、系统参数设置和报警记录查询（图 6-4）。

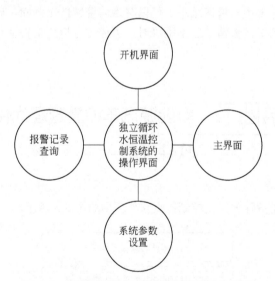

图 6-4 独立循环水恒温控制系统的操作界面

（1）**开机界面** 开机后，系统第一次待机会出现开机界面，开机界面可以设计成不同的背景图案，进入主界面可点击右下方的按钮。显示开机界面时，系统的状态为给电待机，系统操作员可在此时间段检查连接系统和测试样品的管道是否合格。

（2）主界面　顾名思义主界面是系统的主体界面，可以由此进入其他的界面。在主界面的最上方滚动显示着时间日期和报警提示，系统遇到警情时，这个位置将通报显示警情内容、发生时间以及次数，系统操作员可以根据这个提示及时处置故障。当解除警情危险以后，按"消除声光报警"键可以恢复声光报警功能。

（3）系统参数设置　与主界面相同，从系统参数设置界面也可以进入其他的界面，处于这个界面还可以显示警情信息和关闭警情提示音。除此之外，这个界面还具有两种功能。

① 设置系统参数和确定操作模式。首先在数字输入模块录入温度、压力和流量的预期值用于后续的测试，然后由系统操作人员输入系统参数发出警报的数值范围，确定压力或者流量并对其进行控制，这个数值范围需要以经验或客户的要求为基础。

② 系统的点控操作模式。该模式主要用于系统开机前或者检查系统故障，点击"点控按钮"方可启动点控模式。此时系统操作员需要对每个电磁阀进行单独通断操作，开启冷却风机、水泵和加热装备。这种模式下，系统操作员还可以为水箱防水以及补液，此操作可减少人工体力消耗。

（4）报警记录查询　报警记录查询界面可保存系统运行过程中所有的警情信息。系统操作员通过参考历史警情记录，可以对当前警情做出判断，确定是否具有安全隐患。尤其是遇到多次警情信息不准确时，可通过分析历史警情记录判断系统是否出现安全故障。

第四节　新能源汽车能量管理优化控制仿真软件应用

新能源汽车能量管理优化控制仿真软件应用如图 6-5 所示。

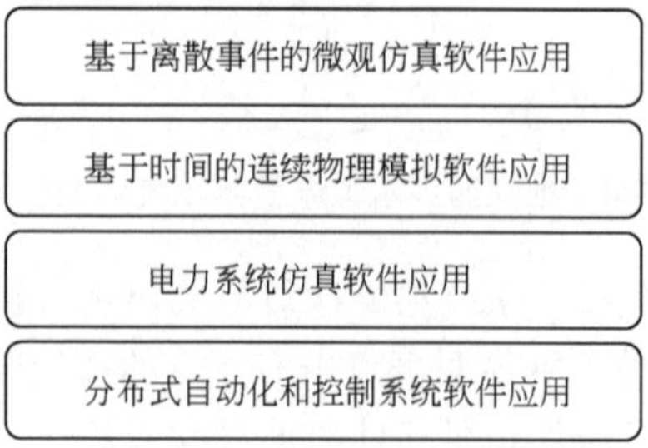

```
┌─────────────────────────────┐
│ 基于离散事件的微观仿真软件应用 │
└─────────────────────────────┘
┌─────────────────────────────┐
│ 基于时间的连续物理模拟软件应用 │
└─────────────────────────────┘
┌─────────────────────────────┐
│      电力系统仿真软件应用      │
└─────────────────────────────┘
┌─────────────────────────────┐
│ 分布式自动化和控制系统软件应用 │
└─────────────────────────────┘
```

图 6-5　新能源汽车能量管理优化控制仿真软件应用

一、基于离散事件的微观仿真软件应用

协同仿真框架的核心是 GridLAB-D，它负责仿真控制，即所有组件的校正和确定性执行。GridLAB-D 是一种用于基于离散事件的微模拟的开源工具，主要用于分析配电系统。它提供了几个插件模块，用于模拟能源的产生、分配和消费，以及控制、网络通信或市场等相关主题，它的设计也希望具有灵活性，以便与其他工具和模拟环境相结合。对于下面分析的用例，已经开发了一个新的插件，允许用 GridLAB-D 中的专用对象来表示模拟的所有组件。这些对象负责根据全局模拟时间更新自己的内部状态。GridLAB-D 的模拟核心是查找运行时（离散事件）这些对象的状态变化，并启用它们之间的同步交互。假设所有其他对象都保持在当前状态，那么当下一次内部状态发生变化时，每个对象都必须通知仿真核，因此，每次发生事件时，所有对象都必须进行同步。

二、基于时间的连续物理模拟软件应用

物理成分通常必须由连续的基于时间的微分代数方程的系统来描述，对于协同仿真框架，采用开放源码的通用多域（物理）仿真环境（Open Modelica）实现了相应的仿真模型，它附带了来自不同领域的组件的大量标准库，例如电气、热、机械或面向控制的组件，促进了复杂模型的快速成型和开发。Open Modelica 基于开放的标准化模型语言，它是一种面向对象的、基于方程的局域网规范，专门用于多域建模。相对于 Ablock 图方法（例如 Simulink），它依赖于通用的条款建模概念（例如物理域中的能量守恒定律）。这种方法导致了相当多的复杂非均匀系统的模拟研究进展，即由不同模拟域的元素组成的系统。因此，Open Modelica 在协同仿真框架中是一项特别有用的资产，以便方便和高效地建模现实世界中的组件。

三、电力系统仿真软件应用

在电力系统的分析中，使用了开源工具 PSAT，为 MATLAB/SIMULNKANK 和 GNU Octave 提供了一个工具箱，它提供各种静态和动态元件模型，以支持精确的电力系统建模，包括负载、机器、控制和调节变压器。其中，PSAT 能够进行稳态分析，如潮流分析、最优潮流分析、小信号稳定分析和时域仿真等。当作为独立应用程序使用时，所有操作都可以通过图形用户界面进行评估。然而，为了实现协同仿真框架，GNU Octave 中的命令行模式使用了 PSAT，为了使耦合仿真成为可能，必须从仿真控件中控制和调用功率流计算，以使仿真同步。通过访问适当的模型参数（例如变压器抽头位置、负载的活动和再激活器），可以改变电力系统的状态。通过访问产生的矩阵（例如电压、功率），就可以将实际的模型状态与接口应用程序进

行通信。仿真控制负责推进到下一时间阶段，即随着模型的不同变化，潮流计算重复进行。

四、分布式自动化和控制系统软件应用

分布式自动化和控制系统是以一种基于标准的方式指定控制路径，并允许协同模拟智能电网的行为。这个仿真是 NEC-Essary 在不同的开发阶段，从控制算法的开发和优化到在嵌入式控制设备上实现的验证。由于智能电网及其组件的分布式性质，这通常也适用于控制系统。本书所采用的控制方法是基于 IEC 61499 分布式交换参考模型。该国际标准涵盖了嵌入式控制器的定义和实现阶段。在德国智能电网标准化路标图中，IEC 61499 改装模型被认为是实现智能电网控制的一种很有前途的方法。根据 IEC 61850 的互操作性和通信标准，IEC 61499 参考模型具有很大的潜力。使用 IEC 61499 的主要好处之一在于，相应的控制模型可以被视为可执行模型。这意味着它们可以在集成环境中执行，就像在嵌入式设备上执行一样。

在基于开放源码软件的协同仿真环境中，采用了与 EC6 1499 兼容的OSS4DIAC，因为它提供了一个开放的、可扩展的控制环境。主要的挑战之一是 GridLAB-D 的离散 Cvent-Based 仿真与基于时间的连续 Modelica 模型的耦合。这样做的先决条件是 Open Modelica 能够根据 Ex-Change i 16 模型的开放标准化接口规范功能模型接口（Fmi）导出独立组件，这是基于协同仿真应用的新趋势的基础。FMI 标准定义了独立组件（所谓的 Functional Mockup Unit）的 API，并提供了创建和运行模型实例的功能。这些自给组件用于完成与 GridLAB-D 的耦合。这是通过部署一个专门的 FMI 包装器来实现的，该包装器用于基于离散事件的环境和基于连续方程的组件之间的同步交互。GridLAB-D 和 PSAT 之间的耦合在技术上相当简单，因为 GNU Octave 的代码库是完全开源的。这允许直接将所有功能、Concerning 矩阵创建和操作以及更高级别的命令解析（例如函数调用的评估）集成到其他应用程序中。该协同仿真框架使用了一个薄的封装层，以使 GridLAB-D touse C 阵列取代 GNU Octave 的内置数据类型。

此外，分布式自动化和控制系统软件还提供了一些其他方便的功能（例如改变工作目录或执行脚本）。为了将分布式控制环境 4DIAC 与协同模拟框架耦合，使用了抽象 Client/Server 通信模式。该模式由两个 IEC 61499 通信功能块组成，使用抽象语法表示法（ASN.1）在 TCP/IP 套接字上进行数据传输（如 EC 61499 标准中所示）。在本研究中，符合 IEC 61499 标准的控制器充当数据服务器和专用 GridLAB-D 对象作为客户端。使用这种简单的通信协议代替 FM 规范的主要原因在于，SAMC 控制器模型也可以用在一些小修改的嵌入式控制环境中。只有通信功能块必须与现实世界交互的功能块（如语音模拟或数字视频流）进行交换。

参考文献

[1] 曹海平. 电动水泵在新能源汽车上的应用[J]. 汽车与配件, 2013 (23): 20-21.

[2] 曾鑫, 刘涛. 新能源汽车动力电池与驱动电机[M]. 北京: 人民交通出版社, 2017.

[3] 陈丽香, 潘敬涛, 孙宁. 新能源汽车用永磁电机转子结构分析[J]. 电机与控制应用, 2019, 46 (2): 114-119.

[4] 陈贤章, 余卓平. 电动汽车驱动电机控制的脉冲宽度调制算法[J]. 同济大学学报（自然科学版）, 2017, 45 (1): 92-97.

[5] 陈跃. 新能源汽车电机驱动系统控制技术分析[J]. 决策探索（中）, 2020 (02): 49.

[6] 刁统山, 张迎春, 严志国, 等. 开关磁阻电机驱动系统综合实验设计[J]. 实验技术与管理, 2020, 37 (12): 63-66.

[7] 丁荣军, 刘侃. 新能源汽车电机驱动系统关键技术展望[J]. 中国工程科学, 2019, 21 (3): 56-60.

[8] 龚坚, 罗海文. 新能源汽车驱动电机用高强度无取向硅钢片的研究与进展[J]. 材料工程, 2015, 43 (6): 102-112.

[9] 龚思沛. 新能源汽车关键零部件电磁兼容测试中的独立循环水恒温控制系统研究与应用[J]. 汽车与驾驶维修（维修版）, 2021 (04): 84-86.

[10] 霍军亚, 王高林, 赵楠楠, 等. 无电解电容电机驱动系统谐振抑制控制策略[J]. 电工技术学报, 2018, 33 (24): 5641-5648.

[11] 李红梅, 王萍. 面装式永磁同步电机驱动系统无位置传感器控制[J]. 电工技术学报, 2016, 31 (s1): 85-91.

[12] 李明辉, 徐少辉. 电动车用开关磁阻电机驱动系统[J]. 电机与控制应用, 2016, 43 (2): 49-54, 59.

[13] 李怿. 新能源汽车动力总成传动系统技术及其应用[J]. 汽车实用技术, 2019 (14): 17-18, 27.

[14] 刘慧军, 陈芬放, 黄瑞, 等. 车用驱动电机冷却系统仿真研究[J]. 中南大学学报（自然科学版）, 2020, 51 (7): 2002-2012.

[15] 刘力, 陈学永, 王晓远. 纯电动轻型车辆电机驱动系统设计[J]. 天津大学学报, 2016, 49 (6): 659-665.

[16] 刘美灵, 陈汉玉. 永磁同步电机驱动系统开路故障检测方法[J]. 电气传动, 2021, 51 (9): 49-54.

[17] 刘宗巍, 史天泽, 郝瀚, 等. 中国燃料电池汽车发展问题研究[J]. 汽车技术, 2018 (1): 1-9.

[18] 卢钢，陈建明，沈丁建，等. 新能源汽车电机控制器振动疲劳耐久性能优化[J]. 机械强度，2020，42（4）：1000-1006.

[19] 唐小春，于冰，许时杰，等. 新能源汽车用永磁辅助同步磁阻电机噪声及续航优化研究[J]. 电机与控制应用，2020，47（1）：91-96.

[20] 王家校. 新能源汽车电驱和电机测试台架系统设计与应用[J]. 电气传动，2021，51（4）：52-55，62.

[21] 王晶，李波. 新能源汽车技术[M]. 上海：上海交通大学出版社，2017.

[22] 王军年，刘鹏，杨钫，等. 轮毂电机驱动电动汽车双横臂前悬架运动学优化[J]. 汽车工程，2021，43（3）：305-312.

[23] 肖丽，董昊宇，高峰，等. 新能源汽车用新型开关磁阻电机驱动系统[J]. 电气传动，2018，48（7）：3-8.

[24] 徐杰，陈璞，赵婷，等. 新能源汽车的开关磁阻电机神经网络预测控制[J]. 电力电子技术，2019，53（4）：40-43.

[25] 严蓓兰. 新能源汽车电机发展趋势及测试评价研究[J]. 电机与控制应用，2018，45（6）：109-116.

[26] 杨建川. 车用驱动电机系统振动测试标准分析[J]. 电机与控制应用，2021，48（3）：94-98.

[27] 杨茂符，郭新玲，石际云. 开关磁阻电动机调速系统的使用维护研究与探讨[J]. 山东工业技术，2016（13）：195.

[28] 杨文荣，孙亚男，王子龙，等. 电动汽车电机驱动系统传导干扰分析与实验[J]. 实验技术与管理，2020，37（3）：120-124.

[29] 衣明义. 智能网联新能源汽车能量管理优化控制仿真软件设计[J]. 电子技术与软件工程，2020（10）：57-59.

[30] 岳明. 永磁同步电机故障检测方法研究[D]. 湖北：武汉理工大学，2011：11-25.

[31] 张利，缑庆伟. 新能源汽车驱动电机与控制技术[M]. 北京：人民交通出版社，2018.

[32] 张之超，邹德伟. 新能源汽车驱动电机与控制技术[M]. 北京：北京理工大学出版社，2016.